COMMENT DEVENIR L'ARGENT
CAHIER PRATIQUE AVANCÉ

par Gary M. Douglas

Comment Devenir L'argent. Cahier Pratique Avancé.
© 2017 Gary M. Douglas
ISBN: 978-1-63493-137-3

Publié par
Access Consciousness Publishing, LLC
www.accessconsciousnesspublishing.com

Imprimé aux Etats-Unis

Peu importe que tu aies un million de dollars ou cinquante cents.
Les questions d'argent sont difficiles pour tout le monde.

~ Gary Douglas

La première édition du cahier original *Comment devenir l'argent* date du début des années 90. Des dizaines de milliers de personnes dans le monde entier ont utilisé ce cahier pour créer plus d'aisance et de clarté avec l'argent et pour avoir plus dans leur vie.

Comment devenir l'argent – Le cahier pratique avancé reprend les choses là où l'original s'était arrêté et offre des questions et processus plus pointus à propos de comment devenir l'argent et ce que cela peut signifier pour toi.

Travaille d'abord toutes les questions dans le cahier original Comment devenir l'argent avant de commencer à travailler avec les questions de ce cahier avancé.

COMMENT UTILISER CE CAHIER

La source de tout changement et de toute possibilité réside dans la prise de conscience des limitations que tu as choisies. Quand tu deviens vraiment conscient de ce qu'est une limitation, tu as tendance à ne plus la prendre pour vraie. C'est dans cette direction que nous allons : nous libérer des limitations concernant l'argent.

Ce cahier regorge de questions et processus conçus pour que tu regardes en face tes limitations sur l'argent, encore et encore et encore, jusqu'à ce que tu réalises enfin : « Attends une minute ! C'est un point de vue stupide. Et je choisirais ça pour quelle raison ? »

Aucune limitation n'a de raison d'être, sauf si tu la choisis.

Ce n'est pas une question de logique

Une femme qui travaillait avec ces questions me disait qu'elle avait du mal à trouver plus de trois ou quatre réponses à certaines questions de ce cahier. Elle disait que certaines questions n'avaient même pas de sens pour elle et qu'elle décrochait quand elle les posait.

Sache, à propos de ces questions, que lorsque tu cherches à y trouver du sens, c'est que tu essaies de trouver la logique selon cette réalité. Cela n'a rien à voir avec ce qui est, effectivement.

Une autre personne me disait qu'elle avait des réponses similaires quelle que soit la question. Je lui ai dit : « Tu essaies de regarder ces choses d'un point de vue logique, n'est-ce pas ? »

Elle a répondu : « Oui, un peu. »

Je lui ai demandé : « L'argent est-il jamais logique ? » Non, l'argent, c'est juste de l'énergie. Tu persistes à y chercher la *logique* de ce qui est réel et vrai au lieu de la *conscience* de toi, qui est la seule source de ce qui est réel et vrai.

Tu es la seule source de ce qui est réel et vrai pour toi, mais tu persistes à compter sur ton sentiment de ce qui est logique, ou tu comptes sur cette réalité, ou ce que tu peux définir et confiner, ou ce que quelqu'un d'autre voudra bien valider. Et si tout ce qui était vrai pour toi était bien au-delà de ce que quiconque peut voir ? La seule façon pour toi de créer ta réalité financière est de voir les choses sous cet angle.

Si tu essaies d'amener ta réalité financière à un autre niveau, tu vas te heurter à des questions dont tu penses qu'elles ne fonctionnent pas. Continue à les poser et à écrire tes réponses, parce que l'idée est de changer ta réalité à propos de l'argent.

Travaille ces questions plusieurs fois

Un gars qui avait suivi une classe avancée Comment devenir l'argent avec moi disait qu'il avait écouté la classe plus de cinq fois et qu'il entendait des choses différentes à chaque écoute. Il me demandait : « Est-ce que c'est parce que j'oublie ce que j'ai entendu ou ce que j'ai appris ? Qu'est-ce que c'est ? »

Je lui ai répondu : « À mesure que tu nettoies différentes couches de limitations, tu entends les choses à partir d'un endroit différent. »

L'homme a répondu : « Oui, c'est ce que je vois. D'autres choses remontent. D'autres choses apparaissent que je n'aurais pas reconnues avant. »

C'est la raison pour laquelle tu dois refaire les exercices et les questions de ce cahier. Quand tu les fais, tu commences à ouvrir la porte pour créer à partir d'un autre endroit, et une possibilité différente commence à se montrer. C'est comme ça que ça fonctionne. Tu as passé des milliards d'années à te créer une vie de misère. Alors, il faudra peut-être travailler ces questions plusieurs fois.

Si tu n'as que deux ou trois réponses pour une question donnée à un moment donné, c'est peut-être le maximum de ce que tu parviendras à sortir ce jour-là. Pourquoi ? Parce que tu n'as jamais cherché les possibilités infinies avec l'argent. Tu n'as envisagé les possibilités avec l'argent que du point de vue de cette réalité. Alors, tu n'as pas les réponses à ces questions.

Si tu veux vraiment obtenir de la clarté à propos de l'argent, tu dois faire et refaire ces questions. Si tu les fais une fois le matin et puis encore une fois plus tard dans la journée, tu constateras que tu auras deux ou trois réponses en plus. Est-ce que ce seront là les seules réponses que tu obtiendras ? Pour ce jour-là, oui. Mais tu peux les refaire le lendemain ou plus tard dans la semaine.

~ Gary Douglas

TABLE DES MATIÈRES

CHAPITRE PREMIER

ÊTRE ET RECEVOIR

Voici ta première question. Écris dix réponses.

PREMIÈRE QUESTION : *Qu'est-ce que je refuse d'être, que si je l'étais, créerait trop d'argent dans ma vie ?*

_____

_____

_____

_____

_____

L'un des éléments clés pour avoir une vie immense, formidable et créative, c'est d'être prêt à recevoir. Parce que pour recevoir, tu dois être prêt à *être*. Qu'est-ce que tu n'es pas prêt à être, qui t'empêche de recevoir ?

Le véritable recevoir, c'est être capable de recevoir toutes les informations qui sont là. C'est la capacité à percevoir tout sans point de vue. Tu dois être prêt à recevoir si tu veux avoir la vie que tu désires vraiment.

Un participant à la classe avancée Devenir l'argent disait : « Quand je posais la question 'Qu'est-ce que tu refuses d'être que si tu l'étais créerait trop d'argent dans ta vie ?', j'ai pris conscience de choses que je refusais et qui étaient en fait possibles. Que faudrait-il pour choisir plus de ces choses ? »

Si tu es prêt à *être* totalement argent, tu peux avoir tout l'argent. Si tu es prêt à *être* totalement contrôle, tu peux avoir tout le contrôle. Si tu es prêt à *être* totalement différent, tu peux avoir totalement différent.

> Qu'as-tu rendu de si vital, précieux et réel à propos de tes définitions du recevoir qui t'empêche d'être effectivement ce que tu peux recevoir ? Tout

ceci, fois un dieulliard, vas-tu le détruire et le décréer totalement ? Right and Wrong, Good and Bad, POD and POC, All 9, Shorts, Boys and Beyonds.®[1]

Chaque fois que tu définis quelque chose, tu limites ce que cela peut être et ce que tu peux recevoir.

C'est parce qu'une définition, par définition, c'est une limitation. Qu'as-tu rendu de si vital, précieux et réel à propos de tes définitions du recevoir qui t'empêche d'être effectivement ce que tu peux recevoir ?

> Que refuses-tu d'être que tu pourrais vraiment être, que si tu l'étais effectivement, te permettrait de recevoir tout ce que tu as décidé que tu ne pouvais pas avoir, ne pouvais pas être, ne pouvais pas faire, ne pouvais pas créer, ne pouvais pas générer ? Tout ceci, fois un dieulliard, vas-tu le détruire et le décréer totalement ? Right and Wrong, Good and Bad, POD and POC, All 9, Shorts, Boys and Beyonds.

Un participant à la classe qui travaillait sur cette question disait : « Apparemment, je crée des systèmes de valeur à propos de ce que je serais prêt à faire ou pas pour avoir de l'argent. Quand je pose la question à propos de ce que je refuse d'être, quelque chose remonte de l'ordre d'être un escroc. »

Un escroc est un illusionniste ou un arnaqueur, quelqu'un qui ment ou trompe les gens pour qu'ils lui donnent de l'argent. Je lui ai dit : « Tout ce que tu as fait pour ne pas être un escroc est ce qui te maintient à l'état d'escroc qui essaie de ne pas être un escroc pour prouver que tu n'es pas un escroc pour pouvoir escroquer les gens sans les escroquer. Tu as déjà décidé que tu étais un escroc pour ne pas aller vers cela. Tu dois demander : « Qu'est-ce que je refuse d'être que si je l'étais créerait trop d'argent dans ma vie ? »

« Tu dois demander cela, parce que tu as beaucoup de points de vue à ce sujet que tu ne sais même pas que tu as. Être un escroc ou un illusionniste est probablement l'une des dizaines de milliers de points de vue que tu as. Tu essaies de ne pas être tout ce que tu pourrais être qui créerait trop d'argent dans ta vie pour pouvoir justifier que c'est OK de ne pas avoir assez. Tu ne demandes pas : « Comment ça serait si j'avais 100 millions de dollars par an pour toute l'éternité ? »

C'est ta deuxième question.

---

1 « Right and Wrong, Good and Bad, POD and POC, All 9, Shorts, Boys and Beyonds » est la Formule de déblayage d'Access Consciousness®. Tu trouveras plus d'information à ce sujet à la fin de ce cahier. Pour en savoir plus sur ce que ces mots signifient et comment la formule fonctionne, surfe sur http://www.accessconsciousness.com/theclearingstatement.

QUESTION DEUX : *Comment ce serait si j'avais 100 millions de dollars par an pour toute l'éternité ?*

_____

_____

_____

_____

La plupart d'entre nous nous sentons comme des escrocs ou des illusionnistes ou des usurpateurs parce que nous n'avons pas confiance dans le fait que nous savons ce que nous savons quand nous savons que nous le savons. Nous doutons de nous-mêmes. Combien de doute utilises-tu pour arrêter l'argent ? Combien de doute utilises-tu pour créer le manque d'argent que tu choisis ?

QUESTION TROIS : *Combien de doute est-ce que j'utilise pour créer le manque d'argent que je choisis ?*

_____

_____

_____

_____

Es-tu prêt à être la voix de toutes les possibilités ? Comment ça serait si tu avais 100 millions de dollars par an pour toute l'éternité ? C'est une énergie. Il ne s'agit pas de ce que tu peux *acheter*, mais de ce que tu peux *être*.

Tu as décidé que tu n'étais pas prêt à être quelque chose parce que tu penses que ce n'est pas bien. Par exemple, j'ai récemment dû apprendre à Dain à mentir. Son point de vue était : « Tu dois être honnête. Tu dois dire la vérité, toute la vérité, rien que la vérité, avec l'aide de Dieu ! » Cela voulait dire que tout le monde pouvait lui mentir, et mentirait et a menti.

Tu dois être prêt à être et faire tout ce qui pourrait créer une possibilité plus grande. La seule raison pour laquelle tu n'as pas d'immenses quantités d'argent, c'est parce que tu n'es pas prêt à être ou faire tout ce qu'il faut pour créer une possibilité pour grande.

Si tu dis : « Je ne veux pas être cette personne. » Est-ce que c'est un jugement ? Est-ce que c'est une conclusion ? Est-ce que c'est une définition de toi ? Oui. Chaque fois que tu définis une partie de toi, cela devient un endroit où tu ne peux pas être toi pleinement.

Combien de définitions utilises-tu pour éviter l'argent que tu pourrais choisir ? Tout ceci, fois un dieulliard, vas-tu le détruire et le décréer totalement ? Right and Wrong, Good and Bad, POD and POC, All 9, Shorts, Boys and Beyonds.

Si tu veux devenir l'argent, tu dois être prêt à être ce qui crée l'argent plutôt qu'être ce qui te donne tort.

Disons que tu as envie de jouer avec la joaillerie pour gagner de l'argent. Qu'est-ce que tu devrais être pour rendre cela si joyeux que les gens achètent chez toi et trouvent cela aisément ? Plutôt que d'essayer de convaincre les gens d'acheter quelque chose, si tu *étais* ce qui leur permettait de l'acheter ? Et ceci, à propos, est valable pour chaque facilitateur Access de la planète.

Les humanoïdes et l'argent

Tu dois être prêt à voir ce qui va créer pour toi, pas ce que tu *penses* qui va créer pour toi. La plupart des business plans sont basés sur une réalité humaine, mais tu es un humanoïde[2], et les humanoïdes créent à partir d'une possibilité différente et d'une réalité différente.

En tant qu'humanoïde, tu es plus intéressé par ce que tu peux créer que par l'argent que tu peux obtenir par ta création. Tu ne fais pas les choses pour l'argent, mais pour ce qui pourrait être créé. Tu crées quelque chose, et si quelqu'un voit que c'est super, tu le leur

---

2   Il existe deux espèces de bipèdes sur cette planète. Nous les appelons les humains et les humanoïdes. Ils se ressemblent, ils marchent pareil, ils parlent pareil, et ils mangent souvent pareil, mais la réalité est qu'ils sont différents. Les humains te diront toujours combien tu as tort et combien ils ont raison, et que tu ne devrais rien changer. Ils disent des choses du genre : « On ne fait pas les choses comme ça, alors n'essaie même pas. » Ce sont ceux qui demandent : « Pourquoi changes-tu cela ? C'est très bien comme c'est. »
Les humanoïdes ont une approche différente. Ils envisagent toujours les choses en disant « Comment est-ce qu'on peut changer ça ? Comment peut-on faire pour que ce soit mieux ? Comment peut-on surpasser cela ? » Ce sont ceux qui ont créé toutes les grandes œuvres d'art, de littérature et les progrès majeurs sur cette planète.

donnes plutôt que d'être conscient de ce que cela va créer. Les humanoïdes sont comme ça. Ce sont des idiots et je les adore ! Je suis comme ça et je fais ça aussi – beaucoup.

Nous pensons que les gens vont recevoir quelque chose si nous le faisons gratuitement, mais généralement, les gens ne reçoivent pas ce qui est gratuit. Plus c'est cher, plus cela a de la valeur pour eux. La réalité est ainsi. C'est pour cela que les diamants sont considérés comme ayant plus de valeur que le zircon. Ils brillent tous les deux, ils sont tous deux issus de la poussière, tous deux doivent être manipulés pour être plus beaux, mais l'un vaut des sommes astronomiques d'argent et l'autre ne vaut pratiquement rien.

QUESTION QUATRE : *Combien d'argent est-ce que je devrais facturer pour que les gens reçoivent ce que j'ai à donner ?*

Tout ce qui ne permet pas cela, vas-tu le détruire et le décréer totalement ? Right and Wrong, Good and Bad, POD and POC, All 9, Shorts, Boys and Beyonds.

QUESTION CINQ : *Où ai-je refusé d'être la source réelle du changement qui élimine la conscience de la limitation que j'ai choisie ?*

Qu'as-tu rendu de si vital, précieux et réel à propos de tes définitions du recevoir qui t'empêche d'être effectivement ce que tu peux recevoir ? Tout ceci, fois un dieulliard, vas-tu le détruire et le décréer totalement ? Right and Wrong, Good and Bad, POD and POC, All 9, Shorts, Boys and Beyonds.

Que refuses-tu d'être que tu pourrais vraiment être, que si tu l'étais effectivement te permettrait d'avoir tout ce que tu voudrais avoir et que tu ne peux pas être, faire, avoir, créer et générer ? Tout ceci, fois un dieulliard, vas-tu le détruire et le décréer totalement ? Right and Wrong, Good and Bad, POD and POC, All 9, Shorts, Boys and Beyonds.

La plupart des gens ne sont pas prêts à avoir une vie facile. Ils ne sont pas prêts à exiger et recevoir dans leur monde le niveau d'aisance qui va créer leur vie.

Un facilitateur Access me disait : « Quand je crée une classe, parfois, j'ai le point de vue que je dois recevoir un certain montant d'argent pour qu'elle soit créée. Quand je détruis et décrée ce point de vue et que je m'amuse et j'éprouve la joie de créer cette classe, c'est comme si l'univers m'offrait l'argent et la richesse. »

Je lui ai demandé : « Sais-tu ce qui est le plus important dans ce que tu viens de dire ? Tu as dit la chose qui va faire que tout fonctionne pour toi et tu l'as ignorée : 'Quand je détruis et décrée ce point de vue et que je m'amuse et j'éprouve le plaisir et la joie de créer cette classe, c'est comme si l'univers m'offrait l'argent et la richesse.' La réalité est que l'argent ne vient qu'aux fêtes où il y a de la conscience et où l'on s'amuse. »

QUESTION SIX : *Qu'est-ce que j'ai rendu de si approprié à propos de l'argent que je ne peux pas avoir le plaisir et la joie de l'argent ?*

_____

_____

_____

_____

La plupart des gens pensent que le plaisir et la joie de l'argent, c'est se saouler et se comporter n'importe comment. Ce n'est pas cela le plaisir et la joie de l'argent. Le plaisir et la joie de l'argent, c'est la capacité à changer la réalité des gens avec de l'argent. Qu'as-tu fait de la définition de l'argent qui t'empêche d'en avoir, d'y prendre plaisir et de créer au-delà de cette réalité ?

QUESTION SEPT : *Comment ai-je défini l'argent qui m'empêche d'en avoir, d'y prendre plaisir et de créer au-delà de cette réalité ?*

_____

_____

_____

_____

QUESTION HUIT : *Qu'est-ce que j'essaie de créer pour prouver que je n'ai pas trop d'argent ?*

_____

_____

_____

_____

Si tu poses cette question vingt ou trente fois, tu deviendras conscient de ce que tu fais pour éviter l'argent plutôt qu'en avoir.

> Qu'essaies-tu de créer pour prouver que tu n'as pas trop d'argent ? Tout ceci, fois un dieulliard, vas-tu le détruire et le décréer totalement ? Right and Wrong, Good and Bad, POD and POC, All 9, Shorts, Boys and Beyonds.

Tu veux en avoir juste assez – mais pas trop – parce que si tu en as juste assez, tu peux avoir la plupart des choses que tu veux sans devoir te priver totalement, mais te priver totalement semble être une super bonne idée pour toi sur le long terme.

> Qu'essaies-tu de créer pour prouver que tu n'as pas trop d'argent ? Tout ceci, fois un dieulliard, vas-tu le détruire et le décréer totalement ? Right and Wrong, Good and Bad, POD and POC, All 9, Shorts, Boys and Beyonds.

Au lieu d'avoir juste assez, si tu créais quelque chose qui était au-delà de cette réalité ? Créer au-delà de cette réalité, ce n'est pas essayer de te définir ou quoi que ce soit que tu fasses sur la base du point de vue de quelqu'un d'autre. C'est une nécessité si tu veux changer cette réalité.

Tout ce qui ne te permet pas d'être cela, vas-tu le détruire et le décréer totalement ? Right and Wrong, Good and Bad, POD and POC, All 9, Shorts, Boys and Beyonds.

QUESTION NEUF : *Qu'est-ce que j'ai défini que l'argent était, qu'il n'est pas en réalité ?*

_____

_____

_____

_____

_____

Tant que tu ne sais pas comment tu définis l'argent, tu ne peux pas défaire les limitations de ce que tu reçois. Ta définition de l'argent devient une limitation de ce que tu peux recevoir. Elle devient aussi ce que tu as décidé que tu ne pouvais pas avoir. Pour avoir quelque chose, tu dois être prêt à l'être. Si tu n'es pas prêt à l'être, tu ne peux pas l'avoir, et si tu n'es pas prêt à l'avoir, tu ne peux pas l'être.

Être L'argent

Être l'argent, c'est ne jamais le voir comme séparé de toi. C'est voir l'argent comme quelque chose qui t'aime mieux que tes parents. L'argent ne fait rien. Il augmente simplement ta capacité à avoir un choix différent.

QUESTION DIX : *Quel est le plus grand montant d'argent que je suis disposé à être ?*

_____

_____

_____

_____

As-tu fait « hein ? » en lisant cette question ? Si tu n'es pas prêt à *être* 100 millions de dollars, tu ne peux créer qu'un million de dollars. C'est ton revenu annuel, quel qu'en soit le montant, qui indique le montant d'argent le plus grand que tu es disposé à être. Ton revenu annuel définit le plus gros montant d'argent que tu es disposé à être.

Comment changer cela ? Regarde ce montant et demande : « Qu'ai-je défini comme le montant d'argent que je suis disposé à être ? » Quel que soit le montant qui remonte, remets-le en question. Demande : « Est-ce vraiment suffisant pour moi ? »

« Quel est le plus grand montant d'argent que suis prêt à être ? » est une question importante. Voici pourquoi : si tu regardes ta vie et que tu te dis : « Le plus grand montant d'argent que je suis prêt à être est 50.000 ou 100.000 dollars », est-ce que c'est ce qui va créer ce que tu veux créer ?

Non. Est-ce que c'est ce qui va te donner le choix qui crée une possibilité plus grande dans le monde ? Non.

Si tu demandes le plus grand montant que tu es disposé à être, alors tu dois être prêt à être autant d'argent. N'es-tu pas disposé à être multimillionnaire ?

> Quel est le plus grand montant d'argent que tu es disposé à être ? Tout ce que ceci fait remonter, fois un dieulliard, vas-tu le détruire et le décréer totalement ? Right and Wrong, Good and Bad, POD and POC, All 9, Shorts, Boys and Beyonds.

La capacité à être

La quantité d'argent que tu es prêt à être détermine la quantité de changement que tu peux créer dans le monde. Beaucoup de gens veulent changer le monde, mais ils ne sont pas prêts à être le montant d'argent qu'il faudrait pour changer le monde. Comment est-ce que ça pourrait marcher ?

Nous avons commencé à développer un complexe et un centre de formation au Costa Rica où les gens peuvent venir apprendre à vivre avec l'élégance de la Terre sans l'abuser. Est-ce que je savais comment j'allais le payer ? Non. Est-ce que je savais d'où l'argent allait arriver ? Non. Est-ce que je savais que d'une façon ou d'une autre, je pourrais le trouver ? Oui, absolument.

Pourquoi est-ce que je savais que je pouvais l'avoir ? Parce que je sais que l'univers désire soutenir ce que j'essaie de créer. Cela permet une possibilité différente dans l'univers et je suis prêt à être tout ce qu'il faut, peu importe à quoi ça ressemble, pour créer une possibilité différente dans le monde. Et toi ? Si pour être cela, je devais mourir pour pouvoir payer notre centre au Costa Rica, je le ferais. C'est une façon totalement différente de regarder le monde. Quand je suis prêt à être tout ce qu'il faut pour créer une possibilité différente, l'univers s'assure que l'argent puisse se présenter dans ma vie.

Reconnais que quand tu fais ce qui va soutenir la conscience dans le monde, la conscience du monde te soutient. Est-ce que la conscience du monde désire que tu aies une BMW ? Non. Mais si tu soutiens le monde par tout ce que tu fais et que tu demandes une BMW, tu auras une BMW.

L'argent n'est pas la source de la création

Beaucoup de gens pensent que l'argent est un outil pour créer, mais l'argent n'est pas une source de création. C'est *toi* qui es la source de création qui crée l'argent. L'argent est un tas de merde inerte. Il n'a pas envie de travailler dur. Toi, par contre, tu n'es pas un tas de merde inerte. Tu aimes travailler dur, parce que ça te rend heureux.

La création et la créativité sont-elles une source d'argent ? Non. L'argent est un sous-produit de ce que tu crées. Quand tu manges, est-ce que tu crées automatiquement de la merde ? Non. La merde est un sous-produit de manger. C'est une façon dégoûtante de dire les choses. Il s'agit de comment tu facilites l'argent et comment tu facilites le changement dans le monde avec l'argent.

QUESTION ONZE : *Que puis-je faire ou choisir qui va créer immédiatement une plus grande possibilité dans le monde ?*

_____

_____

_____

_____

La possibilité ne vient pas de l'argent. Il s'agit de ce que tu peux choisir et de ce que tu peux faire, à cause de choix qui créent une plus grande possibilité.

QUESTION DOUZE : *Que puis-je être que je ne suis pas pour l'instant, que si je l'étais, cela exponentialiserait mon recevoir au-delà de toutes les normes de cette réalité ?*

_____

_____

_____

_____

Le recevoir ne peut se faire que par ce que tu es prêt à être. Tu dois être beaucoup plus que tu ne penses pouvoir être effectivement pour augmenter ta capacité à recevoir.

J'ai regardé des milliers de choses du point de vue de ce qu'elles pourraient être ou devraient être. Y avait-il une vérité là-dedans ? Non. Est-ce tout cela avait une signification ? Non.

QUESTION TREIZE : *Qu'ai-je choisi comme la somme de ce que je peux être, faire, avoir, créer et générer qui me maintient à vivre dans cette réalité plutôt qu'à avoir ma réalité ?*

_____

_____

_____

_____

Payer, peu importe le prix, pour avoir tout ce que tu veux

Si je décide que je vais acheter quelque chose ou que j'aimerais avoir quelque chose, je sais que je l'aurai dans une réalité future ; c'est juste que je ne l'ai pas encore payé. Le problème pour la plupart des gens, c'est que quand ils n'ont pas encore payé quelque chose, ils décident qu'ils ne peuvent pas encore l'avoir. Quand je n'ai pas encore payé quelque chose, je demande : « OK, qu'est-ce que je vais devoir être ou faire pour créer cela ? »

QUESTION QUATORZE : *Qu'ai-je décidé que je voulais dans ma vie pour lequel je n'étais pas prêt payer le prix que, si j'étais prêt à payer le prix s'actualiserait comme ma réalité ?*

_____

_____

_____

_____

Qu'as-tu décidé que tu n'étais pas prêt à payer, que si tu étais prêt à payer, cela s'actualiserait ? Tu dois être prêt à payer le prix ! Tu dois regarder cela et te dire : « J'aurai cela. Je sais que je ne l'ai pas encore payé, mais je l'aurai. »

Les gens essaient tout le temps de trouver des bonnes affaires. Que se passerait-il si tu étais simplement prêt à payer le prix, quel qu'il soit, pour avoir ce que tu veux ? Ce que tu n'es pas prêt à payer devient l'endroit où tu finis par payer avec une autre monnaie.

Dans les années trente, les Chinois fabriquaient des tapis pour les exporter aux États-Unis pour le marché Art Déco. On les appelait les tapis Nichols et ils étaient géniaux. Je les ai vus pour la première fois il y a vingt ans et je trouvais que c'était les objets les plus beaux que j'aie jamais vus.

J'en voulais. Avais-je besoin d'en avoir ? Non. Est-ce que j'en voulais ? Oui. Est-ce que j'étais prêt à payer le prix ? À l'époque où je m'y intéressais, ils coûtaient environ 500 dollars pièce. C'était vingt ans avant que je puisse mes les permettre. Puis, ils sont passés à environ 1.700 dollars. Aujourd'hui, ils coûtent environ 3.500 dollars et j'en ai plusieurs dans ma maison.

> Qu'as-tu décidé que tu voulais dans ta vie pour lequel tu as décidé que tu n'étais pas prêt à payer le prix, que si tu étais prêt à payer le prix, cela s'actualiserait ? Tout ceci, fois un dieulliard, vas-tu le détruire et le décréer totalement ? Right and Wrong, Good and Bad, POD and POC, All 9, Shorts, Boys and Beyonds.

Voilà, ce sont tes questions pour le premier chapitre.

Je te suggère de les refaire toutes dans quelques semaines. Et encore quelques semaines après, retournes-y et refais-les. Fais les questions dix, douze ou quinze fois jusqu'à ce que tu prennes conscience de « Waouh ! J'ai une réalité totalement différente maintenant ! »

Cette nouvelle réalité va commencer à se présenter dans ta vie par des voies que tu n'aurais jamais attendues.

Tu as maintenant perdu toutes les excuses. Quelle justification vas-tu trouver pour ne pas faire ces questions ?

QUESTIONS DU CHAPITRE UN

PREMIÈRE QUESTION : *Qu'est-ce que je refuse d'être, que si je l'étais créerait trop d'argent dans ma vie ?*

_____

_____

_____

_____

_____

QUESTION DEUX : *Comment ce serait si j'avais 100 millions de dollars par an pour toute l'éternité ?*

_____

_____

_____

_____

_____

QUESTION TROIS : *Combien de doute est-ce que j'utilise pour créer le manque d'argent que je choisis ?*

_____

_____

_____

_____

_____

QUESTION QUATRE : *Combien d'argent est-ce que je devrais facturer pour que les gens reçoivent ce que j'ai à donner ?*

_____

_____

_____

_____

_____

QUESTION CINQ : *Où ai-je refusé d'être la source réelle du changement qui élimine la conscience de la limitation que j'ai choisie ?*

_____

_____

_____

_____

_____

QUESTION SIX : *Qu'est-ce que j'ai rendu de si approprié à propos de l'argent que je ne peux pas avoir le plaisir et la joie de l'argent ?*

_____

_____

_____

_____

_____

QUESTION SEPT : *Comment ai-je défini l'argent qui m'empêche d'en avoir, d'y prendre plaisir et de créer au-delà de cette réalité ?*

_____

_____

_____

_____

_____

QUESTION HUIT : *Qu'est-ce que j'essaie de créer pour prouver que je n'ai pas trop d'argent ?*

_____

_____

_____

_____

_____

QUESTION NEUF : *Qu'est-ce que j'ai défini que l'argent était, qu'il n'est pas en réalité ?*

_____

_____

_____

_____

_____

QUESTION DIX : *Quel est le plus grand montant d'argent que je suis disposé à être ?*

_____

_____

_____

_____

_____

QUESTION ONZE : *Que puis-je faire ou choisir qui va créer immédiatement une plus grande possibilité dans le monde ?*

_____

_____

_____

_____

_____

QUESTION DOUZE : *Que puis-je être que je ne suis pas pour l'instant, que si je l'étais, cela exponentialiserait mon recevoir au-delà de toutes les normes de cette réalité ?*

_____

_____

_____

_____

_____

QUESTION TREIZE : *Qu'ai-je choisi comme la somme de ce que je peux être, faire, avoir, créer et générer qui me maintient à vivre dans cette réalité plutôt qu'à avoir ma réalité ?*

_____

_____

_____

_____

_____

QUESTION QUATORZE : *Qu'ai-je décidé que je voulais dans ma vie pour lequel je n'étais pas prêt payer le prix que, si j'étais prêt à payer le prix s'actualiserait comme ma réalité ?*

_____

_____

_____

_____

_____

CHAPITRE DEUX

ET SI TOUT ÉTAIT UNE QUESTION DE POSSIBILITÉ ET QUE RIEN N'ÉTAIT UN PROBLÈME ?

La plupart d'entre nous avons tendance à rechercher le problème plutôt que la possibilité, qu'il s'agisse d'argent ou d'autre chose. Nous avons tendance à penser : « Il faut que je gère ce problème. » Et si tout était une question de possibilité et que rien n'était un problème ?

Avec l'argent, tout doit être une question de possibilité, jamais un problème. Parce que quand tu cherches le problème, tu créeras toujours un problème pour créer la possibilité.

Les gens disent : « Oui, mais si on ne satisfait pas nos besoins financièrement, cela apparaît comme un problème. »

Je demande alors : « Est-ce vraiment possible de ne pas avoir ses besoins financiers de base satisfaits ? Ou est-ce un mensonge que tu gobes de l'univers de quelqu'un d'autre ? »

Quelle est la finalité de l'argent ?

Un participant à la classe, en travaillant sur ces questions, disait : « Je prends conscience d'où dans mon corps j'ai verrouillé des points de vue à propos de l'argent. »

Je lui ai dit : « Tout ce qu'est l'argent est lié à ton corps et à la façon dont tu utilises ton corps. »

Quelle est la finalité de l'argent ? Est-ce de te faciliter toi, l'être ? Ou est-ce pour faciliter *ton corps* ? Est-ce qu'un être a besoin d'une maison ? Non. Est-ce qu'un corps a besoin d'une maison ? Oui.

Est-ce qu'un être a besoin d'une voiture pour se déplacer ? Non. Un corps oui ? Oui. Est-ce qu'un être a besoin de vêtements ? Non. Un corps oui ? Oui. La finalité de l'argent est de faciliter ton corps.

Tu dois considérer cela et demander : « Est-ce que l'argent donne plus d'aisance à mon corps et est-ce que ça va créer plus ? » Nous avons créé une séparation entre nous et notre corps pour créer le « pas d'argent » dans nos vies.

> Tous les mensonges que tu as achetés pour créer une séparation entre toi et ton corps pour pouvoir créer le « pas d'argent », vas-tu les détruire et décréer tous ? Right and Wrong, Good and Bad, POD and POC, All 9, Shorts, Boys and Beyonds.

PREMIÈRE QUESTION : *Est-ce que l'argent rend les choses plus aisées pour mon corps et est-ce que cela va créer plus ?*

_____

_____

_____

_____

_____

Nous avons le point de vue que nous sommes ensemble avec notre corps dans ce jeu de l'argent, mais en fait c'est notre corps qui est dans ce jeu de l'argent.

QUESTION DEUX : *Quelle partie du jeu de l'argent est-ce que je joue avec mon corps et quelle partie est-ce que je perds avec mon être ?*

_____

_____

_____

_____

_____

Nous avons tendance à penser que nous avons notre âme ou notre être, et que nous avons notre corps et que notre corps devrait changer et s'ajuster en fonction de notre être, mais ce n'est pas ainsi que les choses fonctionnent. Si nous fonctionnions avec notre corps, nous serions capables de gagner le jeu de l'argent avec aisance.

> Refuses-tu de gagner le jeu de l'argent avec aisance en te séparant de ton corps pour créer la perte d'argent dans cette réalité ? Tout ceci, fois un dieulliard, vas-tu le détruire et le décréer totalement ? Right and Wrong, Good and Bad, POD and POC, All 9, Shorts, Boys and Beyonds.

Si tu joues le jeu de l'argent avec ton corps, tu réalises que la finalité de l'argent est d'offrir du confort à ton corps. Est-ce que tu mets ton corps à l'aise avec ce que tu choisis ? Ou essaies-tu de te mettre à l'aise toi avec ce que tu choisis ?

La plupart des gens essaient de se mettre à l'aise avec ce qu'ils choisissent. Et ça, c'est perdre, parce que tu ne peux pas te mettre, toi, être infini, à l'aise. Les êtres infinis ne sont pas mal à l'aise ; ils sont expansifs.

Ce que tu fais avec ta vie devrait être une question de donner du confort à ton corps. Par exemple, j'ai un lit vraiment très confortable. J'ai un chouette oreiller dessus, et j'ai un matelas orthopédique de trois pouces avec un matelas en duvet de quatre pouces par dessus. J'adore aller dans mon lit ! Tu passes huit heures dans ton lit chaque jour. Ton lit devrait être un endroit vraiment confortable.

Sois celui qui veut du confort, parce que le corps désire du confort. J'ai eu des gens chez moi qui disaient : « Oh, ne t'inquiète pas, je dormirai par terre. » Pourquoi voudrais-tu dormir par terre ? Il y a un lit juste là ! Je regarde les gens mettre leur corps en surpoids dans du Spandex. Ce n'est pas possible que ça soit confortable. Ils le font parce qu'ils pensent que ça les rend beaux. Leur être se sent mieux de penser qu'ils rendent leur corps plus petit. Comment ça serait si tu permettais à ton corps d'être plus léger parce que c'est ce qui fonctionne pour lui ?

C'est une reconnaissance de ce qui est. L'argent n'est pas la même chose pour toi que pour ton corps. Est-ce que toi, l'être, as besoin d'argent ? Non. Est-ce que toi, le corps, as besoin d'argent ? Oui. Toi, le corps, aimes l'argent. Toi, l'être, t'en fous. La plupart des gens ne sont pas disposés à le reconnaître. Tu ne gagnes pas au jeu de la possibilité parce que tu ne cherches pas à ce qui va réellement créer une possibilité différente.

> Combien d'argent utilises-tu pour valider les limitations de cette réalité qui t'empêche de vivre au-delà de celle-ci ? Tout ceci, fois un dieulliard, vas-tu

le détruire et le décréer totalement ? Right and Wrong, Good and Bad, POD and POC, All 9, Shorts, Boys and Beyonds.

Qu'est-ce que tu n'es pas disposé à te dire à propos de l'argent que si tu te le disais te libérerait et te permettrait d'avoir plus d'argent que tu penses possible d'avoir ? Tout ceci, fois un dieulliard, vas-tu le détruire et le décréer totalement ? Right and Wrong, Good and Bad, POD and POC, All 9, Shorts, Boys and Beyonds.

As-tu décidé que tu étais stupide avec l'argent ?

Les gens ont souvent des réactions quand ils dépensent de l'argent. Ils disent : « Oh ! Du coup, je n'aurai pas assez ! » ou encore « C'est tout ce que j'ai pour le moment. » Ils fonctionnent à partir d'un point de vue moins que conscient, c'est-à-dire la stupidité. Tu peux demander : « Comment puis-je devenir encore plus stupide que je ne le suis déjà avec l'argent ? »

La raison pour laquelle tu as un problème à dépenser de l'argent, la raison pour laquelle tu as un problème avec le fait d'avoir de l'argent, la raison pour laquelle tu as un problème avec tout ce qui est lié à l'argent, c'est que tu as décidé que tu étais stupide avec l'argent.

QUESTION TROIS : Comment puis-je devenir encore plus stupide avec l'argent que je ne le suis déjà ?

_____

_____

_____

_____

Si tu vas chez McDonald's parce que tu penses que ça doit être bon parce que c'est bon marché, a) tu es idiot, b) tu es stupide, c) tu es fou. Je préfère aller dans un bon restaurant et acheter une entrée à dix dollars plutôt que d'aller chez McDonald's et acheter un hamburger, des frites, un cookie et l'une de leurs bières pour dix dollars. Je préfère être rassasié par la joie de manger qu'être rassasié par un ventre plein. La plupart des gens essaient de remplir ce qu'ils appellent vide au lieu de créer ce qui est possible au-delà du vide. Le vide est le mensonge de cette réalité.

QUESTION QUATRE : *Qu'ai-je défini comme un ventre plein au lieu de la satiété des possibilités qui m'empêche d'avoir l'argent que j'aimerais vraiment avoir ?*

_____

_____

_____

_____

Fais-tu « ventre plein » plutôt que la satiété des possibilités ? Tout ceci, fois un dieulliard, vas-tu le détruire et le décréer totalement ? Right and Wrong, Good and Bad, POD and POC, All 9, Shorts, Boys and Beyonds.

Pourrais-tu vraiment être vide ? Non. Peux-tu être espace ? Oui. As-tu défini l'espace comme le *vide* ? Ou le vide comme le *manque* ?

Partout où tu as défini le *vide* comme le *manque*, vas-tu détruire et décréer tout cela totalement ? Right and Wrong, Good and Bad, POD and POC, All 9, Shorts, Boys and Beyonds.

Qu'as-tu défini comme le ventre plein qui n'est pas la satiété des possibilités ? Tout ceci, fois un dieulliard, vas-tu le détruire et le décréer totalement ? Right and Wrong, Good and Bad, POD and POC, All 9, Shorts, Boys and Beyonds.

Les croyances

Les gens me disent que cette réalité exige un échange d'argent contre les choses. Je leur demande : « Est-ce que cette réalité *exige* un échange d'argent ? Ou bien cette réalité *croit* que tu as besoin d'un échange d'argent ? » Elle croit que tu as besoin d'un échange d'argent.

Combien de croyances utilises-tu pour éliminer l'argent que tu pourrais choisir ? Quelques milliers, quelques milliards, mille milliards, un dieuzilliard, ou plus que ça ? Tout ceci, fois un dieulliard, vas-tu le détruire et le décréer totalement ? Right and Wrong, Good and Bad, POD and POC, All 9, Shorts, Boys and Beyonds.

As-tu remarqué que quand tu lis cette question, toutes sortes d'énergies bizarres remontent ? Chaque croyance exige de toi que tu prennes une énergie bizarre et que tu la forces à être quelque chose qu'elle n'est pas, surtout par rapport à l'argent. Combien de croyances utilises-tu pour éliminer l'argent que tu pourrais choisir ? N'est-ce pas intéressant que tu élimines l'argent de ta vie ? Tu aimes ne pas en avoir. Mais il y a peu de chances que tu l'admettes.

Pourquoi ferais-tu cela ? Pour pouvoir croire que tu peux vivre comme un être fini dans une réalité finie, avec une capacité finie de flux monétaires, tu dois éliminer l'être total.

> Tout ceci, fois un dieulliard, vas-tu le détruire et le décréer totalement ? Right and Wrong, Good and Bad, POD and POC, All 9, Shorts, Boys and Beyonds.

Essayer de rentrer dans le moule

Une femme me disait que chaque fois qu'elle faisait ces questions, elle retombait chaque fois sur les limitations liées au fait de rentrer dans le moule et de ne pas ressortir du lot. Toutes les limitations que nous avons à propos de l'argent touchent au fait de rentrer dans le moule, de ne pas ressortir du lot et de ne pas être différent. La même personne a dit que les choses qui remontaient pour elle étaient comme une excuse d'exister.

> Tout ce que tu as fait pour prendre la vie comme une transgression littérale de l'être, vas-tu le détruire et le décréer totalement ? Right and Wrong, Good and Bad, POD and POC, All 9, Shorts, Boys and Beyonds.

Je lui ai dit : « C'est là que tu dois te demander : 'Et comment est-ce que je peux être effectivement encore plus folle ?' Quand tu te surprends à faire des choses insensées et que tu dis : 'Waouh ! C'était insensé ça !', n'essaie pas d'arrêter cette insanité. Demande : 'Comment est-ce que je peux être effectivement encore plus fou ?' »

> Quelle énergie, espace et conscience puis-je être pour être hors contrôle, hors définition, hors limitation, hors forme, structure, signification, hors linéarité et hors concentricité comme l'argent pour toute l'éternité ? Tout ce qui ne permet pas cela, fois un dieulliard, vas-tu le détruire et le décréer totalement ? Right and Wrong, Good and Bad, POD and POC, All 9, Shorts, Boys and Beyonds.

Tu persistes à essayer d'éviter ce qui va en fait fonctionner, pour prouver que ta vie ne fonctionne pas.

Quelle énergie, espace et conscience utilises-tu pour créer la vie qui ne fonctionne pas pour toi choisis-tu ? Tout ceci, fois un dieulliard, vas-tu le détruire et le décréer totalement ? Right and Wrong, Good and Bad, POD and POC, All 9, Shorts, Boys and Beyonds.

C'est là que tu ne peux pas décrocher. Tu dois commencer à voir ce qui est vrai pour toi et ce qui créerait une réalité différente.

Les problèmes d'argent ne sont pas une réalité

Une dame me disait que quand elle posait la question : « Comment ça serait si j'avais 100 millions de dollars par an pour toute l'éternité ? », elle captait tout le temps la réponse qu'il n'y aurait plus rien à réparer et plus rien à rêver. Il n'y aurait que la mort et le désespoir.

Je lui ai dit : « Si tu avais 100 millions de dollars par an pour toute l'éternité, rien de tout cela n'aurait d'importance. Alors, que voudrais-tu créer ? » Les problèmes d'argent sont la création d'un problème ; ils ne sont pas une réalité. Ce sont des problèmes que tu crées pour ne pas avoir d'aisance à créer au-delà de la réalité de qui que ce soit. C'est comme si tu ne voulais pas vivre seul. Tu préfères avoir une relation très mauvaise pour pouvoir te sentir entubé.

QUESTION CINQ : *Si je n'avais pas de problèmes d'argent, qu'est-ce que je créerais ?*

_____

_____

_____

_____

La dame à qui je parlais disait aussi : « Quand je dis que je n'aurais plus rien à rêver, il y a aussi un élément de non-choix, parce qu'avec 100 millions de dollars par an, je ne pourrais pas être moi. L'argent serait plus grand que moi. »

As-tu une définition de *toi* qui te définit en fonction de ton niveau d'argent actuel ? Tant que l'argent a plus de valeur que toi, est-il possible de choisir la conscience ? Non.

Évites-tu la conscience que tu pourrais choisir par l'argent que tu définis que tu peux avoir ? Tout ceci, fois un dieulliard, vas-tu le détruire et le décréer totalement ? Right and Wrong, Good and Bad, POD and POC, All 9, Shorts, Boys and Beyonds.

QUESTION SIX : *Qu'est-ce que j'ai défini comme étant moi, en fonction de l'argent que j'ai actuellement ?*

_____

_____

_____

_____

_____

Si tu devais créer ta réalité au-delà de la réalité de tous les autres, qu'est-ce qui se passerait ? Tu devrais être à un endroit où ton cerveau s'est fait la malle et où la possibilité commence à ronger les limitations de ta réalité de sorte que tu commences à créer une réalité qui fonctionne vraiment pour toi. Sois prêt à être la conscience de ces possibilités.

Demande : « Que dois-je faire ou être qui actualiserait ceci avec une aisance totale ? » Tu as choisi d'être conscient, mais au lieu d'être réellement conscient, tu persistes à essayer de voir si quelque chose d'autre est nécessaire, approprié ou si quelque chose d'autre doit se passer.

Ce n'est pas : « Il faut que quelque chose d'autre se passe. » C'est : « Qu'est-ce que je dois être ou faire pour actualiser ceci ? »

Un gars me disait : « Je perçois l'espace que je suis quand je demande et invite les possibilités infinies et puis mon esprit se met à penser à l'argent. Il va aux chiffres et à combien je dois créer. Il prend le dessus. C'est comme un répondeur automatique. Je ne sais pas quoi choisir ou changer par rapport à ça. »

Je lui ai dit : « Ton esprit est toujours un répondeur automatique. C'est ce tout ce qu'il est. Ton esprit ne sait rien faire d'autre que répondre automatiquement. Pourquoi voudrais-tu l'écouter ? »

Il m'a dit : « Oui, mais comment est-ce que je sais combien je dois créer ? »

Je lui ai dit : « Tu essaies de tirer une conclusion. Tu n'essaies pas de savoir. »

Il m'a dit : « C'est juste. Alors, quand j'ai le montant que j'aimerais avoir chaque mois, est-ce que je dois juste demander ce qu'il faudrait pour que ça se présente ? »

J'ai répondu : « Oui. Demande : « Qu'est-ce que je peux être, faire, avoir, créer ou générer qui permettrait à ceci de se présenter ?' »

Demandes-tu parfois à la conscience de l'univers de contribuer pour toi ?

Tu peux compter sur l'univers quand tu lui demandes de t'envoyer ce dont tu as besoin. Tu dois lui demander de contribuer pour toi. Demandes-tu parfois à la conscience de l'univers de contribuer pour toi ? Jamais. Tu demandes qu'une personne stupide vienne te dire ce que tu dois faire. Tu demandes quelqu'un qui sait plus que toi. Tu demandes tout sauf la conscience, qui sait plus que toi, à tous égards, pour effectivement livrer. Qu'est-ce qui se passerait si tu étais prêt à avoir ça ?

Quelqu'un m'a dit : « Tu as dit que tu avais créé une réalité financière au-delà de ce que la plupart des gens ont. Est-ce que c'est là où tu sais que tu peux compter sur l'univers et que plus arrive – parce que l'univers soutient ce que tu crées ? »

Je lui ai dit : « Je sais que je peux compter sur moi et que je peux compter sur l'univers aussi parce qu'il peut compter sur moi. Je sais que je ne suis pas prêt à renoncer, et tant que je ne renonce pas, l'univers ne renoncera pas non plus. »

L'argent, c'est ce que tu utilises pour changer la réalité des gens

Nous devons regarder ces choses ensemble. Si tu veux faire quoi que ce soit avec de l'argent, demande : « Comment ceci va-t-il changer la réalité ? » Tu devrais vivre en tant que cette question. Demande : « Qu'est-ce que l'argent va créer ? » Qu'est-ce qui va changer ? »

Aujourd'hui, Dain et moi avons déjeuné dans l'un de nos restaurants favoris. L'hôtesse des lieux nous adore. Elle nous sourit et prend soin de nous. Quand Dain vient, elle devient une personne très joyeuse. Elle le regarde avec du désir dans les yeux. Quand je suis parti aujourd'hui, je lui ai donné un pourboire de 40 $. Personne ne donne de pourboire à une hôtesse. Ça ne se fait pas, tout simplement. Est-ce que j'ai changé sa réalité avec ce pourboire de 40 $? Oui, absolument.

L'argent est quelque chose que tu utilises pour changer la réalité des gens. Quelle somme d'argent peux-tu utiliser qui changerait la réalité d'une personne ? J'ai raconté mille fois cette histoire où j'étais dans un restaurant où j'ai commandé un café et un donut. La femme qui me servait était lente et peu assurée. C'était son premier jour de travail et elle n'avait jamais été serveuse auparavant. Elle avait du mal. L'addition se montait à 6 dollars. J'en ai laissé 12 sur la table. Elle est venue courir après moi quand je suis sorti en disant : « Monsieur, vous m'avez donné trop d'argent. »

Je lui ai dit : « Non, c'est une reconnaissance du fait que vous ferez ce job et que vous survivrez et que tout ira bien. Ne vous tracassez pas, tout ira bien. » Le changement dans son monde à cause de six bêtes dollars a été dynamique. Ce n'était pas le montant. C'était l'intention. À tout moment, tu dois te demander : « Comment puis-je utiliser l'argent que j'ai pour créer une différente réalité pour quelqu'un, maintenant ? » Tu dois être prêt à regarder à cela, parce que la finalité de l'argent, ce n'est pas avoir plus de choses que tu crois que tu dois posséder.

Que veux-tu faire de ta vie ?

Quelqu'un m'a dit un jour : « En peu de temps, j'ai vécu ce que c'était d'être multimillionnaire et de faire faillite et je ne vois pas ce que j'ai fait pour avoir l'un ou l'autre. »

Je lui ai dit : « Ce n'est pas l'un ou l'autre. La question est : 'Qu'est-ce qui est le plus amusant ?' Être l'argent a plus d'aisance que d'être la pauvreté. Cela a plus d'aisance, parce que c'est plus *toi*. La plupart des gens ne veulent pas comprendre cela. Et si tu étais prêt à être ce niveau d'argent dans la vie ? Quelle réalité pourrais-tu créer ?

Tu dois regarder comment tu veux vivre ta vie, parce que quand tu commences à créer ta vie, l'univers commence à te livrer. Quand j'étais jeune et bête et que je n'avais pas d'argent, j'étais souvent avec une tante qui avait beaucoup d'argent. Elle avait de belles choses, elle avait de beaux tapis, elle avait de la belle porcelaine, du cristal, de l'argenterie et elle mangeait avec tous les jours. C'était sa réalité. J'ai dit : « Je veux vivre comme ça ! »

Est-ce que j'avais l'argent pour ça ? Non. Est-ce que je savais comment j'allais y arriver ? Non. Est-ce que je savais que je voulais vivre comme ça ? Oui. J'ai commencé à chercher et à acheter des choses pour dix dollars qui en valaient plus. J'ai commencé à créer un style de vie qui incluait de belles choses qui indiquaient où je voulais aller, des choses qu'une personne aurait si elle avait une véritable richesse dans sa vie. Il ne s'agissait pas de ce que j'*avais*, mais de ce que je *pouvais avoir*, si j'étais prêt à y aller. Aujourd'hui, je vis dans une maison pleine de belles choses dignes d'être dans un musée.

Tu dois être le gourou de ta propre réalité. Tu es le seul être supérieur qui va créer la réalité que tu es capable de créer. Si tu penses que quelqu'un d'autre va le faire, tu es fou. La seule chose que tu n'es pas prêt à regarder, c'est « Je suis totalement stupide, je suis totalement fou, et je suis totalement dingue au-delà de ma plus folle réalité. »

C'est ce que je suis. Mais c'est à cause de ma folie, de mon côté dingue, de mon outrance, à cause de toutes les choses que je suis prêt à être que j'ai créé une réalité financière que peu de gens ont sur la planète. Essaie de demander : « Quelle énergie, espace et conscience est-ce que je peux être pour être aussi stupide et fou et outrancier que je suis réellement ? »

Créer au-delà de cette réalité

Il y a une façon de créer sur cette planète et dans cette réalité basée sur la conclusion.

Cela fonctionne jusqu'à un certain point, mais il y a un point où ça ne fonctionne plus. C'est pour cela que tu dois créer au-delà de cette réalité.

Quand j'ai appris que la conclusion était un moyen de m'arrêter, j'ai dit « Merde. » Je ne vais plus conclure quoi que ce soit. Je serai dans la question à propos de tout. Je peux dire ça 1000 fois et tu ne l'entendras jamais. Tu vas continuer à choisir la conclusion plutôt que la possibilité. Toujours. Tu retournes à la conclusion parce que tu n'es pas prêt à demander : « Quelle question dois-je être pour créer une réalité différente avec une aisance totale ? »

Tu dois créer au-delà de cette réalité. La conclusion fonctionne seulement tant que tu n'es pas prêt à expanser ta vie au-delà de la réalité de quiconque. Disons que tu as un million de dollars. C'est sympa, mais qu'est-ce que ça va changer ? Est-ce que dix millions vont changer beaucoup ? Pas si tu t'y accroches. Mais est-ce qu'un point de vue différent va changer la réalité ? Oui !

Tu dois choisir. Tu dois dire : « Je ne vais pas aller à la conclusion là-dessus. » Les gens me demandent d'aller à la conclusion et je leur dis : « Je vois ton point de vue, et, quoi d'autre est possible ? Qu'est-ce que tu n'as pas considéré ? Qu'est-ce qui ne s'est pas fait ? »

Ton choix, ta conscience, et ton point de vue ne coûtent pas d'argent. Ton point de vue peut changer ta réalité ; pas ton argent. Tu dois regarder :

Quel point de vue puis-je avoir qui créerait une réalité monétaire plus grande que celle que j'ai actuellement avec une aisance totale ? Tout ceci, fois un dieulliard, vas-tu le détruire et le décréer totalement ? Right and Wrong, Good and Bad, POD and POC, All 9, Shorts, Boys and Beyonds.

QUESTION SEPT : *Quel point de vue puis-je avoir qui créerait une réalité monétaire différente pour moi aujourd'hui ?*

_____

_____

_____

_____

Je parlais à quelqu'un l'autre jour qui me disait : « Une partie de moi est frustrée parce que je ne suis pas prêt à faire ce qu'il faut. Je ne suis pas prêt à travailler quarante-huit heures par jour pour gagner tout l'argent que je désire. Ça n'est pas très amusant. Je préférerais être en train de jouer. »

Je lui ai demandé : « Et si ce que tu faisais pour créer de l'argent c'était jouer ? Tu ne veux pas croire qu'il soit possible de s'amuser avec ce que tu fais pour créer de l'argent.

Les gens regardent ce que je fais et disent : « Comment peux-tu travailler autant que ça ? » Je leur dis : « Parce que c'est amusant ! »

Dain était debout jusqu'à deux heures du matin hier, pour traiter quelques points pour notre business. Il grognait, mais ça l'amusait. Comment est-ce que je sais qu'il s'amusait ? Parce qu'il continuait à le faire alors qu'il avait l'occasion de ne pas le faire. Grogner, c'était amusant aussi. Se plaindre, c'est amusant. Tu comprends ? C'est amusant de râler.

Empoisonner le puits de la possibilité

Quand des gens te disent : « Tu ne peux pas faire ça », c'est ça empoisonner le puits. Quand des gens disent : « Ce n'est pas possible », c'est ça empoisonner le puits. Et le puits, c'est l'élément vital qui fait exister la possibilité.

As-tu eu des gens qui empoisonnaient le puits de la possibilité et que tu n'as jamais reconnus ? Tout ce que tu as fait d'une façon ou d'une autre pour rendre cet empoisonnement réel, vas-tu le détruire et le décréer totalement ? Right and Wrong, Good and Bad, POD and POC, All 9, Shorts, Boys and Beyonds.

On a eu un spécialiste IT qui essayait de créer des trucs informatiques pour Access. Il me disait qu'un élément informatique que l'une de mes amies avait créé pour nous était totalement merdique et n'était pas du tout utilisable. Et puis, il a continué à l'utiliser pendant douze mois. J'ai regardé ça et j'ai dit : « Il essaie de m'empoisonner contre elle ! Est-ce que ça crée plus de possibilités ou moins de possibilités ? »

Quand j'ai réalisé cela, est-ce que ça a créé quelque chose de différent ? Oui. Ça m'a en tout cas rendu mon amie. Je n'avais pas à penser qu'elle avait fait quelque chose contre moi. Des personnes comme cet informaticien font ce genre de chose pour t'empoisonner contre les autres.

Partout où tu as été empoisonné contre ceux qui vont créer plus de possibilités, vas-tu le détruire et le décréer totalement ? Right and Wrong, Good and Bad, POD and POC, All 9, Shorts, Boys and Beyonds.

Combien de fois, à combien d'endroits, sous combien de formes et d'occurrences d'empoisonnement de toi contre les autres t'ont été infligés pour t'empêcher d'avoir le génie de la connexion qui va toujours te soutenir ? Tout ceci, fois un dieulliard, vas-tu le détruire et le décréer totalement ? Right and Wrong, Good and Bad, POD and POC, All 9, Shorts, Boys and Beyonds.

Disons que quelqu'un te dit : « Je pense que ta femme te trompe. » Est-ce que c'est empoisonner le puits de la possibilité ? Absolument.

Si quelqu'un te dit : « Cette personne n'est pas ton amie. », est-ce que tu réponds : « Si, c'est mon amie » ? Ou bien, est-ce que tu dis : « Oh. Je ne suis pas sûr » ou « Il faut que je lui demande » ? Ou bien, est-ce que tu crées une séparation de cette personne pour pouvoir croire que ce qu'on t'a dit était vrai ?

Quand Dain est venu chez Access la première fois, les gens m'ont dit : « Il va te voler tous tes clients et te laisser en plan. » J'ai regardé ça et j'ai dit : « Non, ce n'est pas vrai. » Et puis j'ai dit : « OK, vole mes clients. Est-ce que je les aime tous assez pour m'accrocher à eux ? Non. N'hésite pas à les voler ! Et bien entendu, Dain a volé tous mes clients et s'est barré. Non donc.

Tu dois être prêt à regarder quelque chose et dire : « Ce n'est pas vrai. » Est-ce que ton mari ou ta femme te tromperait ? Oui. Dans quelles circonstances ? Dans les circonstances où tu as empoisonné le puits de tes propres possibilités. Les endroits où tu te coupes de ta conscience sont les endroits où tu empoisonnes le puits des possibilités.

Je parlais à une femme qui disait : « Ma famille me donnait de l'argent et je le recevais et puis ils m'ont dit que je n'étais pas douée avec l'argent parce que je recevais l'argent. C'était comme s'ils empoisonnaient le puits de mon recevoir. »

> Combien d'empoisonnements du puits de ton être utilises-tu pour limiter ton recevoir ? Tout ceci, fois un dieulliard, vas-tu le détruire et le décréer totalement ? Right and Wrong, Good and Bad, POD and POC, All 9, Shorts, Boys and Beyonds.

OK, c'est ici que le deuxième chapitre se termine. Refais les questions du chapitre premier. Et puis réponds aux questions de ce chapitre.

QUESTIONS DU DEUXIÈME CHAPITRE

PREMIÈRE QUESTION : *Est-ce que l'argent rend les choses plus aisées pour mon corps et est-ce que cela va créer plus ?*

_____

_____

_____

_____

_____

QUESTION DEUX : *Quelle partie du jeu de l'argent est-ce que je joue avec mon corps et quelle partie est-ce que je perds avec mon être ?*

_____

_____

_____

_____

_____

QUESTION TROIS : *Comment puis-je devenir encore plus stupide avec l'argent que je ne le suis déjà ?*

_____

_____

_____

_____

_____

QUESTION QUATRE : *Qu'ai-je défini comme un ventre plein au lieu de la satiété des possibilités qui m'empêche d'avoir l'argent que j'aimerais vraiment avoir ?*

QUESTION CINQ : *Si je n'avais pas de problèmes d'argent, qu'est-ce que je créerais ?*

QUESTION SIX : *Qu'est-ce que j'ai défini comme étant moi, en fonction de l'argent que j'ai actuellement ?*

QUESTION SEPT : *Quel point de vue puis-je avoir qui créerait une réalité monétaire différente pour moi aujourd'hui ?*

CHAPITRE TROIS :

TE FAIRE CONFIANCE

Parfois, les gens me disent qu'ils ne se font pas confiance. Mais si tu ne te fais pas confiance, comment pourras-tu jamais avoir de l'argent ou recevoir quoi que ce soit ? Quand tu gobes le mensonge de ne pas te faire confiance, tu gobes aussi le mensonge de ne pas avoir confiance que l'univers contribuera ou que l'univers va donner. Tu n'es pas prêt à faire partie d'un univers sur qui tu peux compter.

> Qu'as-tu rendu de si vital à propos de ne jamais te faire confiance qui te maintient à rechercher éternellement la nécessité de te détruire et de ne jamais t'épargner ? Tout ceci, fois un dieulliard, vas-tu le détruire et le décréer totalement ? Right and Wrong, Good and Bad, POD and POC, All 9, Shorts, Boys and Beyonds.

PREMIÈRE QUESTION : *En quelle partie de l'univers puis-je avoir confiance ? Et en quelle partie de moi est-ce que je n'ai pas confiance ?*

_____

_____

_____

_____

Quand tu regarderas ces deux questions, tu recevras de nombreuses réponses quant à où tu en es. Te fais-tu confiance ? Sais-tu qui tu es ? Non. Pourquoi ? Parce que tu es comme les journées. Il n'y en a jamais deux pareilles. Tu changes tous les jours, alors, comment peux-tu te faire confiance d'être toujours le même ? Tu ne le peux pas. Et les gens n'aiment pas quand tu n'es pas le même. Ils veulent que tu sois constant. Ils regardent la vie du point de vue que ce qui te rend digne de confiance, c'est que tu ne sors jamais de la boîte et que tu n'es jamais différent. Ils ne te font pas confiance quand tu changes constamment. Et même si tu es digne de confiance et que tu as quelqu'un sur qui tu peux compter, ils ne pourront pas le voir. Ils ne peuvent voir que le fait que tu changes et ils vont conclure que tu n'es pas digne de confiance.

C'est un problème où tu essaies d'utiliser les conclusions des autres pour déterminer ce qui est égal à toi. Tu doutes de toi, parce que tu perçois que l'autre ne te fait pas confiance. Tu cherches à te changer pour que les autres te fassent confiance, mais tu changes constamment, alors ils ne te font jamais confiance.

Pourquoi voudrais-tu que quelqu'un te fasse confiance ? Pourquoi ne te ferais-tu pas confiance à toi ? Mais si tu ne te fais pas confiance, comment pourras-tu jamais avoir de l'argent ou recevoir quoi que ce soit ?

> Qu'as-tu rendu de si vital à propos de ne jamais te faire confiance qui te maintient à rechercher éternellement la nécessité de te détruire et de ne jamais t'épargner ? Si tu ne peux pas t'épargner toi, alors tu ne peux pas épargner d'argent, parce que tu dois avoir de l'argent pour pouvoir l'épargner. Tout ceci, fois un dieulliard, vas-tu le détruire et le décréer totalement ? Right and Wrong, Good and Bad, POD and POC, All 9, Shorts, Boys and Beyonds.

Le pouvoir ne vient pas de la constance

La plupart d'entre nous ont eu des parents qui nous ont dit : « Tu dois être constant. » Dois-tu vraiment être constant ? Non. Que dois-tu être ? Tu dois être inconstant. Quand tu essaies d'être constant, tu dois être dans le jugement de tout ce que tu fais et choisis.

Essaies-tu d'être constant avec l'argent ? Oui et comment est-ce que ça fonctionne pour toi ? Ça ne fonctionne pas. Tu juges chaque cent que tu dépenses et chaque centime que tu gagnes. Tu juges tout avec l'argent. Est-ce que cela va créer plus d'argent ? Non. Ton plus grand jugement de toi est que tu n'es pas constant, et pourtant ton inconstance est la plus formidable source de pouvoir pour toi, et c'est pour ça que tu essaies de t'en débarrasser. Tu ne souhaites pas être puissant.

> Quelle énergie, espace et conscience peux-tu être pour être aussi totalement inconstant que tu l'es vraiment ? Tout ceci, fois un dieulliard, vas-tu le détruire et le décréer totalement ? Right and Wrong, Good and Bad, POD and POC, All 9, Shorts, Boys and Beyonds.

Quand, récemment, j'ai licencié notre juriste aux États-Unis, notre juriste en Irlande a un peu paniqué parce qu'il ne savait pas si j'allais le licencier aussi. Et maintenant, il est plus sur le qui-vive. Qui a le pouvoir ? Nous. Tu dois être inconstant ; tu dois être prêt à changer du jour au lendemain pour créer ce qui est possible.

La première fois que j'ai rencontré Dain, il était dans une relation qui ne fonctionnait pas, et en un jour, il est parti et a déménagé. J'ai adoré ça. C'est comme ça que je fonctionnais avant de me marier. Une fois que j'ai eu des enfants, j'ai pensé que je devais être constant. Ce qui est drôle là-dedans, c'est que quand j'ai arrêté d'être constant, mais enfants se sont montrés beaucoup plus aptes à ajuster leur vie que les autres enfants.

La constance nécessite que tu renonces à tout pour avoir la constance. L'inconstance est la plus grande source de pouvoir pour toi.

Tu recherches ce qui est constant dans ta vie, comme ton loyer et tes factures. Ces éléments sont constants. Est-ce qu'ils ont quelque chose à voir avec toi ? Ou bien ont-ils quelque chose à faire avec ce que tu dois payer ? Combien de créativité, combien de capacité créative utilises-tu pour payer les choses dans ta vie que tu dois gérer avec constance ? Ces choses n'ont rien à avoir avec te faire confiance.

> À quel point as-tu renoncé à toi pour être constant dans tes finances, ton argent et ton travail pour toute l'éternité ? Tout ceci, fois un dieulliard, vas-tu le détruire et le décréer totalement ? Right and Wrong, Good and Bad, POD and POC, All 9, Shorts, Boys and Beyonds.

Qu'est-ce qui est le plus important ? Être constant ou être conscient ? Être conscient ! Qu'as-tu choisi jusqu'à présent ? La conscience ? Ou la constance ?

QUESTION DEUX : *Où suis-je constant dans ma vie, alors que je pourrais être inconstant et quel choix est-ce que j'ai qui me permettrait d'être inconstant ?*

À quoi dépenses-tu ton argent ?

Regarde à quoi tu dépenses ton argent pour savoir si c'est effectivement à ça que tu veux le dépenser. Est-ce que tu veux dépenser ton argent pour une tasse de café par jour ? Ou désires-tu créer quelque chose d'autre dans ta vie que tu ne t'es pas encore autorisé à avoir ?

Quand j'ai vu combien je dépensais à du café, je me suis dit : « Attends une minute. Ce que je veux vraiment c'est avoir plus de 'ça' dans ma vie », et j'ai commencé à regarder comment je pourrais créer plus de ça. Lentement mais sûrement, ces choses sont devenues les choses auxquelles je dépense mon argent. J'ai réduit le café et j'ai dépensé 20 dollars par semaine à acheter quelque chose que je voulais pour ma vie, une antiquité ou quelque chose qui aurait plus de valeur que ce que je payais.

C'est ce qui s'appelle créer la richesse à partir du point de vue de demander : « Qu'est-ce que je peux acheter ou faire qui m'apportera un retour plus grand que n'importe quoi d'autre ? »

La conscience, c'est la possibilité. Quelle énergie, espace et conscience peuvent créer cela ? Commence à regarder tout ce que tu essaies de créer et vois si cela fonctionne vraiment pour toi. Commence à fonctionner à partir de ce point de vue, parce que si tu ne le fais pas, tu te prépares à perdre.

Survie ou prospérité

Je parlais à une femme qui avait accepté un nouvel emploi. Avant d'accepter ce travail, elle avait réalisé un tableau et avait vu que le salaire couvrirait ses dépenses de base et probablement pas beaucoup plus. Elle a demandé : « Si j'accepte ce travail, comment sera ma vie dans cinq ans ? Si je n'accepte pas ce travail, comment sera ma vie dans cinq ans ? » Accepter ce travail était léger et expansif pour elle, alors, elle l'a accepté. Puis, elle a commencé à calculer comment faire en sorte que ses dépenses soient inférieures au salaire qu'elle recevrait et ça, c'était très contracté. Elle m'a demandé : « Comment puis-je jouer avec les possibilités ici ? »

Je lui ai dit : « Tu cherches à réduire tes coûts pour vivre selon tes moyens. Est-ce que ça participe à créer ta vie ? Non. À un moment ou à un autre, tu as cru l'idée que la vie était une question de survie et non de prospérité. »

Est-ce quelque chose tu as fait ? Voici la question que tu dois poser :

QUESTION TROIS : *Où est-ce que je ne me fais confiance que pour survivre et où est-ce que j'évite tout ce qui me permettrait de prospérer ?*

_____

_____

_____

_____

J'ai demandé à cette femme qui essayait de réduire ses coûts « Combien d'heures par jour dois-tu travailler dans ton job ? » Nous avons calculé qu'elle passait huit heures à travailler, huit heures à dormir, deux heures pour ses déplacements et trois heures pour manger, prendre soin de son corps et se préparer au travail. J'ai dit : « Cela te laisse trois heures durant lesquelles tu fais quoi ? »

Elle a répondu : « J'imagine que je gaspille ce temps. »

J'ai dit : « C'est correct. Tu gaspilles ce temps. Tu ne demandes pas : 'Comment est-ce que j'utilise ce temps pour créer plus dans ma vie – plus d'argent, plus de possibilités, plus de choix, plus de tout ?' Tu dois avoir tout. Tu essaies trop d'avoir une vie normale. Tu dois demander : 'Si j'étais prête à avoir tout l'argent que je peux avoir, est-ce que je vivrais ma vie à partir d'une réalité normale ?' Non ! »

Où crées-tu ta vie comme une vie normale plutôt qu'une infinie possibilité ? C'est ça que tu dois considérer.

QUESTION QUATRE : *Où est-ce que je crée ma vie comme une vie normale plutôt qu'une source de possibilités ?*

_____

_____

_____

_____

_____

Si tu ne fais pas de choix, rien ne peut changer

Le choix est la chose la plus puissante qui soit parce que chaque fois que tu fais un choix, quelque chose se passe. Comment changer quelque chose si tu ne fais pas de choix ? Tu ne le peux pas. Si tu ne fais pas de choix, rien ne peut changer.

Il est important de faire un choix, que tu penses que ça va fonctionner ou pas. La dame qui avait fait le choix d'accepter le travail et qui a ensuite regardé à comment ça ne fonctionnerait pas est allée à la conclusion qu'elle avait fait un mauvais choix, ce qui signifiait que rien qui était juste dans ce choix ne pouvait entrer dans sa conscience. Cela ne pouvait pas entrer dans sa vie et créer quelque chose de plus grand pour elle.

La conclusion n'a rien à voir avec la création. Tu dois regarder les choses du point de vue : « J'ai fait un choix. » Par exemple, j'ai fait le choix pour nous d'opter pour une certaine solution IT. Nous en étions arrivés au point où cela aurait dû être terminé quand nous avons découvert que ça ne pourrait pas fonctionner. Et tout le monde a commencé à demander : « Oh mon Dieu ! Devons-nous vraiment faire cela ? »

J'ai répondu : « Oui. Allez-y et nous corrigerons ce qui devra l'être. Si nous repoussons le projet pendant un court temps et que nous le corrigeons, est-ce que ça va nous coûter plus d'argent ? Oui. Est-ce que c'est un bien, un tort ou bien ou mal ? C'est, tout simplement.

J'ai fait le choix, et en ayant fait ce choix, nous sommes arrivés au jour où c'était supposé être en production et le système n'acceptait pas les paiements entrants. Il ne faisait pas ce que nous avions besoin qu'il fasse. Il nous fallait une autre solution, et nous en cherchons une maintenant, peu importe ce qu'il faudra, nous la trouverons.

Je parle de la reconnaissance du fait que tu dois pouvoir regarder quelque chose et demander : « Est-ce que ça fonctionne comme j'ai besoin que ça fonctionne ? » Oui ou non ? » Si la réponse est non, alors fais quelque chose de différent. Tu dois être prêt à changer du tac au tac. La plupart des gens se préoccupent du fait qu'être inconstant va éliminer leur capacité créative, pourtant, ce qui crée le plus d'argent, c'est ta capacité créative.

> Combien d'argent as-tu perdu au besoin d'être constant ? Tout ceci, fois un dieulliard, vas-tu le détruire et le décréer totalement ? Right and Wrong, Good and Bad, POD and POC, All 9, Shorts, Boys and Beyonds.

Possibilité, choix ou folie ?

Est-ce que tu veux créer les choses comme et à partir de la possibilité, du choix ou de la folie ? C'est juste un choix. La plupart des gens choisissent les choses les plus insensées possible en pensant que c'est ainsi que l'on crée.

> Qu'as-tu rendu de si vital à propos de résister à l'aisance de la création à gagner de l'argent qui te maintient à rechercher les difficultés au lieu des possibilités dans chaque choix ? Tout ceci, fois un dieulliard, vas-tu le détruire et le décréer totalement ? Right and Wrong, Good and Bad, POD and POC, All 9, Shorts, Boys and Beyonds.

J'ai connu un gars qui avait 3.000 dollars dans sa vie. Il disait : « Il faut vraiment que je gagne de l'argent et j'ai une super opportunité d'investir dans quelque chose qui va m'amener un retour de 2.000 %. »

J'ai dit : « Et bien, si tu as envie d'investir là, fais comme bon te semble. Ce n'est pas ce que je choisirais. Pourquoi pas ? Parce que si c'est trop beau pour être vrai, c'est trop beau pour être vrai. Tu dois être prêt à voir ce qui est – pas ce que tu aimerais que ça soit. J'ai vu trop de gens tenter de créer des choses de la façon dont ils « devraient » plutôt que de demander : « Comment puis-je créer ceci d'une façon qui fonctionne vraiment pour moi ? »

Tu choisis les choses les plus insensées pour prouver que tu as des possibilités. Tu tentes de prouver que ce n'est pas un choix impossible, tu tentes de prouver que c'est la bonne chose à faire, tu tentes de prouver toutes sortes de choses. Mais cela n'a que très peu de rapport avec ce qui est vraiment vrai.

Si j'avais été ce gars qui avait 3.000 dollars, quel choix est-ce que j'aurais fait ? J'aurais demandé : « Si je dépense cet argent, à quoi puis-je le dépenser qui va créer de la richesse ? » « Qu'est-ce qui va créer de la richesse ? »

La plupart des gens voient la possibilité comme le moment où ils choisissent quelque chose qui a l'air bien à la surface, que cela leur rapporte de l'argent ou pas. Ils disent : « Ça a l'air d'être une très bonne affaire. »

Je ne fais pas ça. Je demande : « Est-ce que je peux avoir une affaire encore meilleure que ceci ? » Qu'est-ce qui se passerait si tu étais capable, prêt à, ou désireux de créer une possibilité plus grande, un résultat plus grand et un choix plus grand ?

Tu penses que tu dois sauter d'une falaise pour prouver qu'il y a des possibilités. Tu préfèrerais tirer une conclusion plutôt que sauter dans la conscience. Et si tu étais pragmatique ? Et si tu choisissais ? Et si tu posais une question ? Avant d'acheter quelque chose, je demande : « Est-ce que vous faites un prix sur ce costume ? » « Puis-je avoir un meilleur prix ? » ou « Quel est le meilleur prix que vous puissiez m'offrir ? »

Que veux-tu créer ?

Tu dois regarder à ce que tu es prêt à créer. Que veux-tu créer ? Es-tu prêt à regarder à ce que tu veux vraiment créer ? Non. Tu veux juste créer quelque chose de mieux que ce que tu as maintenant.

Une femme me disait : « Je n'arrête pas de demander 'Qu'est-ce que je veux créer.' » Je ne sais vraiment pas ce que je veux créer. Je sais seulement que c'est quelque chose de différent. »

Je lui ai dit : « Tu es une humanoïde. La seule façon que tu connais pour savoir ce que tu veux, c'est en faisant quelque chose jusqu'à ce que tu saches que tu ne veux pas le faire. Tu penses que si tu ne veux plus faire quelque chose, tu es une ratée. Tu n'es pas une ratée. Tu es une humanoïde, mais tu dois être prête à être une ratée ; sinon, tu juges chaque choix que tu fais comme si le jugement et le choix basés sur le jugement allaient créer plus. »

Le problème quand on devient un humanoïde plus âgé, c'est qu'on voit très rapidement ce qu'on ne veut pas créer. Tu te dis : « Oh ! Je ne veux vraiment pas faire ça. C'est quoi mon problème ? Suis-je stupide ? Oh oui, tout à fait. Qu'est-ce qui cloche chez moi qui fait que je n'arrive pas à décider ce que je veux vraiment faire ?

Tu vas faire quelque chose pendant trois semaines et puis tu en auras marre. Tu vas penser, « Oh et puis merde. Est-ce que je voulais vraiment créer ça ou pas ? » Tu as créé aussi loin que tu voulais aller avec ça et puis tu en as eu marre.

Te souviens-tu de la première question du premier chapitre ? « Qu'est-ce que je refuse d'être que si je l'étais créerait trop d'argent dans ma vie ? » Es-tu prêt à être un raté ?

> « Quelle énergie, espace et conscience puis-je être qui me permettrait d'être le raté total et absolu que je suis vraiment ? » Tout ceci, fois un dieulliard, vas-tu le détruire et le décréer totalement ? Right and Wrong, Good and Bad, POD and POC, All 9, Shorts, Boys and Beyonds.

Aller au-delà de ta zone de confort

Nous parlions de savoir ce que tu veux créer dans la classe avancée Comment devenir l'argent et quelqu'un a dit : « Au bout de mes créations, il semble y avoir un jugement comme 'Ce n'est pas assez'. Je ne dis pas : « Youpie ! Je l'ai fait. Quoi d'autre est possible ? » Je me donne tort pour ce que j'ai créé. »

Je lui ai dit : « 'Ce n'est pas assez' n'est pas jugement. C'est une conscience. Tu pourrais demander : 'Qu'est-ce que je pourrais créer ou générer qui serait plus qu'assez pour moi ?' Tu essaies de créer sans sortir de ta zone de confort. »

Ta zone de confort, c'est là où tu sais que « Je peux créer assez. C'est OK pour moi. » Tu ne choisis pas d'aller au-delà de ça. Qu'est-ce qu'il faudrait pour que cela change ? Le choix.

Demande : « Quelle est la chose la plus inconfortable que je puisse choisir de faire aujourd'hui ? » Par exemple, tu dois être prêt à demander un montant pour tes services, qui te mette mal à l'aise. Qu'est-ce qui a de la valeur pour toi ? Combien vaut ton temps pour toi ?

Il fut un temps où je demandais 1.250 dollars pour une heure de séance privée. Les gens m'appelaient en pleurant : « Oh, ma vie est nulle ! Blablabla. » Est-ce que j'ai envie d'écouter toutes ces conneries ? Non. Alors j'ai demandé : « Combien devrais-je demander pour que les gens aillent directement au point où ils peuvent faire quelque chose ? » J'ai changé mon tarif horaire à 2.500 dollars. Maintenant, à 2.500 dollars, quatre-vingt-quinze pour cent de mes séances se font en une demi-heure au lieu d'une heure. Les gens ne passent plus par leurs larmes et leurs machins. Ils vont directement à ce qu'ils veulent changer. Je ne fais pas beaucoup plus d'argent, mais je ne dois pas écouter tout le blabla. Ça fonctionne pour moi.

Es-tu prêt à demander : « Combien vaut mon temps pour moi ? » Ou bien dis-tu : « Je sais que le montant est bien plus élevé que ce que je suis à l'aise de demander. » Trouve ce que vaut ton temps pour toi et tu auras des clients qui sont à l'aise de payer cette somme-là. Pense à tripler tes tarifs. Ou peut-être peux-tu demander : « Quelle énergie, espace et conscience est-ce que je peux être pour être totalement dans la pauvreté et vivre dans la rue pour toute l'éternité ? »

Es-tu prêt à vivre dans la rue ? Non ? OK, alors tu dois faire payer !

Tu pourrais être l'une de ces personnes qui concluent : « Et bien, les gens ne me paieront pas autant » ou « Je ne vaux pas autant que ça. » Quel genre de question est-ce que c'est ? Ce n'est pas une question ! C'est une conclusion, et si c'est une conclusion, est-ce que quoi que ce soit d'autre peut entrer dans ta réalité ? Nan !

Veux-tu changer ta conclusion ou veux-tu changer ta réalité ?

Que désires-tu ?

Ou bien tu pourrais être l'une de ces personnes si snobs que tu ne demanderas pas d'argent. Tu diras : « Oh, je n'en ai pas vraiment besoin. » C'est ce qu'on appelle « Je suis un tel snob que je serai sans abri dans la rue pour pouvoir être supérieur à tout le monde en étant sans abri. »

Pour certaines personnes, demander de l'argent, c'est mendier. Elles sont si élitistes qu'elles ne demanderaient jamais d'argent. Et elles me diront : « Répare-moi Gary, je veux une réalité différente. » Quand je leur donne un moyen de se réparer toutes seules, elles disent : « Oh. Je suis trop snob pour faire ça. »

Que n'es-tu pas qui te donnerait tout ce que tu désires ? Tu ne sais même pas tout ce que tu désires parce que ce que tu désires n'est pas un univers cognitif. Tu penses que parce que tu l'as compris, une fois que tu l'auras actualisé cognitivement, tout ira bien. Mais, ce n'est pas ainsi que ça fonctionne. Quand on a commencé à s'impliquer dans la création de notre centre au Costa Rica, je n'avais aucune idée de comment je pourrais payer pour ça. On s'est impliqués malgré tout et nous avons finalement effectué un premier paiement pour le terrain. Nous sommes vraiment en route !

Quand je parlais de la façon dont nous l'avons fait et de toutes les choses que nous avons dû résoudre, quelqu'un a dit : « Gary, bien sûr que tu peux le faire. C'est qui tu es. Mais nous parlons de moi maintenant. »

Je lui ai dit : « Tu dois utiliser cette question : 'Qu'est-ce que je ne suis pas en train d'être qui me donnerait tout ce que je désire dans la vie ?' , Je suis prêt à être tout dans la vie, faire tout, avoir tout, créer tout et générer tout parce que je n'ai pas le point de vue que je ne le peux pas. Je suis aussi conscient du fait que chaque fois que nous faisons un choix, l'univers ouvre cinquante-cinq portes par lesquelles nous pouvons regarder. Mais tu ne regardes jamais. »

Regarder, c'est demander : « Si je choisis ceci, qu'est-ce que ça va créer ? Si je choisis ceci, qu'est-ce que ça va créer ? Si je choisis ceci, qu'est-ce que ça va créer ? » Il s'agit du choix. Il ne s'agit pas du résultat que cela va créer.

Je suis ce qui va créer et générer plus de conscience. Tu regardes à combien d'argent tu vas gagner. Ce n'est jamais mon critère et ce qui se passe, c'est qu'on dirait que je gagne de plus en plus d'argent.

L'argent est un sous-produit de ton choix. Le choix ne crée pas l'argent. L'argent résulte du choix.

Tu crées la conscience par chaque choix que tu fais

La seule façon d'avoir une vie satisfaisante est de chercher à créer une vie plus grande. Il y a quelques années, je discutais avec une amie du fait de chercher à créer une vie plus grande.

Elle m'a demandé : « Est-ce qu'Access va comme tu le souhaites ? »

J'ai dit : « Non, ça ne grandit pas assez vite. »

Elle a demandé : « Et bien, combien d'argent gagnes-tu ? »

J'ai répondu : « Environ un million et demi par an. »

Elle a demandé : « Ce n'est pas assez pour toi ? »

J'ai dit : « Si bien sûr, ce serait assez pour n'importe qui. Je suis à l'aise. »

Elle a demandé : « Alors, combien est-ce que tu devrais gagner pour que ça grandisse comme tu le souhaites ? »

J'ai dit : « Beaucoup plus ! » J'ai monté à un minimum de 10 millions de dollars par an et puis à 100 millions de dollars par an. Dans les deux années qui ont suivi, Access est passé de 47 à 173 pays. Qu'est-ce que cela te dit sur la façon dont l'univers te soutient ?

Les gens me disent qu'ils recherchent une vie plus grande et pourtant ils jugent ce qu'ils choisissent pour y aller. Je demande : « Est-ce que tu le juges vraiment ? Ou bien crées-tu de la conscience par chaque choix que tu crées ? Tu penses que tu le juges, mais en fait tu le reconnais, « Oh ! Ce n'est pas là que je veux aller. »

Si tu traversais un champ et que tu choisissais de tourner à droite et qu'il y avait un trou géant, tomberais-tu dedans ? Non. Tu dirais : « Attends une minute. Ça ne marche pas ça. Quel choix est-ce que j'ai ici qui pourrait changer ça ? » C'est toujours une question de choix.

S'il te plaît, fais les questions de ce chapitre et continue à les faire jusqu'à ce que tu commences à être conscient de ce qui est vrai pour toi. Je te demande de t'amuser avec l'argent. Comment ça serait de t'amuser avec l'argent ? Ce serait beaucoup plus amusant que maintenant !

QUESTIONS DU CHAPITRE TROIS

PREMIÈRE QUESTION : *En quelle partie de l'univers puis-je avoir confiance ? Et en quelle partie de moi est-ce que je n'ai pas confiance ?*

_____

_____

_____

_____

QUESTION DEUX : *Où suis-je constant dans ma vie, alors que je pourrais être inconstant et quel choix est-ce que j'ai qui me permettrait d'être inconstant ?*

_____

_____

_____

_____

QUESTION TROIS : *Où est-ce que je ne me fais confiance que pour survivre et où est-ce que j'évite tout ce qui me permettrait de prospérer ?*

_____

_____

_____

_____

QUESTION QUATRE : *Où est-ce que je crée ma vie comme une vie normale plutôt qu'une source de possibilités ?*

CHAPITRE QUATRE

LE SEXE, L'ARGENT ET RECEVOIR

Les gens me disent souvent qu'ils désirent des amitiés avec d'autres personnes, mais au lieu de créer des amitiés, ils semblent créer de la séparation, ce qui arrête leur recevoir. Je vais commencer ce chapitre par une question qui va vous embrouiller – mais d'abord, je voudrais dire quelque chose à propos de recevoir et du sexe.

Le sexe est l'harmonique basse de recevoir. C'est une version limitée de recevoir, tout comme les pensées, les sentiments et les émotions sont les harmoniques basses de savoir, percevoir et être. Donc, si tu évites le sexe, ou si tu n'aimes pas le sexe, ou que tu ne veux pas avoir de relations sexuelles, ou si tu refuses un certain type d'acte sexuel, ou si tu vois le sexe comme quelque chose de mal plutôt que comme une possibilité, tu te coupes des possibilités de recevoir l'argent, tout comme le sexe.

Le sexe est le point de vue humain sur le fait de recevoir. Si tu as des relations sexuelles, tu reçois. Si tu n'as pas de relations sexuelles, tu ne reçois pas. Est-ce que ça veut dire que tu dois avoir des relations sexuelles ? Non. Est-ce que ça veut dire que tu pourrais avoir des relations sexuelles ? Oui, si tu le choisis. Il faut que ce soit un choix. C'est la même chose avec le fait d'avoir de l'argent ; ça doit être un choix que tu fais.

Par exemple, évites-tu l'idée du sexe avec les enfants ? Est-ce que poser cette question signifie que tu veux avoir des relations sexuelles avec des enfants ? Absolument pas. Mais si tu ne vois pas que les enfants sont sexuels, et que tu ne vois pas que les enfants sont disposés à avoir des relations sexuelles, tu dois te couper de ta propre conscience pour que ça fonctionne, de sorte que tu ne peux recevoir de l'argent des enfants.

Tes enfants peuvent être une source d'argent. Si tu leur demandes d'être une contribution pour gagner de l'argent, c'est incroyable l'énergie qu'ils peuvent contribuer qui crée de l'argent dans ta vie. Tu dois être prêt à avoir tout.

Qu'as-tu rendu de si vital à propos de ne jamais avoir de relations sexuelles qui empoisonne le puits d'être pour pouvoir ne pas avoir d'argent. Tout ceci, fois un dieulliard, vas-tu le détruire et le décréer totalement ? Right and Wrong, Good and Bad, POD and POC, All 9, Shorts, Boys and Beyonds.

PREMIÈRE QUESTION : *Où est-ce que j'évite le sexe pour pouvoir éviter l'argent ?*

_____

_____

_____

_____

_____

Le sexe n'a rien à voir avec la copulation

Ce sont des choses qui ont un rapport avec le sexe, mais qui n'ont rien à avoir avec la copulation. Qu'est-ce que ça veut dire ? Le sexe est une énergie dans ton corps, et c'est ton corps qui a besoin d'argent. Essaie ceci : demande à ton corps, maintenant, d'exponentialiser le flux sanguin dans les parties génitales de ton corps. Et encore. Et encore. Et encore. Est-ce que tu remarques des changements dans ton corps ?

Est-ce que tu remarques une douleur dans ton corps ? Une douleur pourrait remonter quand tu demandes ça à ton corps, à cause de tous les endroits où tu as résisté à l'énergie sexuelle qu'un flux sanguin plus important te donnerait.

> Qu'as-tu rendu de si vital à propos de ne jamais avoir de relations sexuelles qui empoisonne le puits d'être pour pouvoir ne pas avoir d'argent. Tout ceci, fois un dieulliard, vas-tu le détruire et le décréer totalement ? Right and Wrong, Good and Bad, POD and POC, All 9, Shorts, Boys and Beyonds.

Les gens me parlent de leur besoin sexuel et je leur demande : « Et bien, pourquoi est-ce que tu ne paies pas pour avoir des rapports sexuels ? »

Ils me disent : « Je ne ferais jamais ça ! »

Je dis : « Tu ne paierais jamais pour avoir des rapports sexuels. Cela veut dire que tu ne paierais jamais pour recevoir. Tu ne paierais pas pour recevoir de l'argent non plus, n'est-ce pas ? Et si tu devais dépenser de l'argent pour gagner de l'argent ? » Vois-tu la corrélation qu'il y a ici ?

Tu crées des ordres du jour dans ta vie où tu ne recevras pas d'argent. L'ordre du jour est « pas d'argent ». L'ordre du jour est « pas de sexe ». L'ordre du jour est « pas de recevoir ».

> De quelle partie du besoin sexuel t'es-tu coupé pour ne pas recevoir d'argent et pour que l'argent soit exclu de ta vie ? Tout ceci, fois un dieulliard, vas-tu le détruire et le décréer totalement ? Right and Wrong, Good and Bad, POD and POC, All 9, Shorts, Boys and Beyonds.

Une femme me disait en classe : « Avec les années, plus je déblaye de choses avec les outils d'Access, moins j'ai de points de vue sur le fait d'avoir de l'argent ou pas ou d'avoir des relations sexuelles ou pas. Je ne m'en soucie pas vraiment. Pourtant, je le désire. C'est une situation un peu étrange. »

J'ai dit : « Ce n'est pas une situation étrange. C'est comme cela que ça devrait être. Tu dois le laisser venir comme il vient. Tu dois permettre aux choses d'être comme elles sont. Si tu voulais vraiment avoir des relations sexuelles, est-ce que tu pourrais en avoir ? »

Elle dit : « Bien sûr. N'importe quand. »

Tu peux avoir un désir sexuel et tu peux avoir un désir d'argent, mais quel choix devrais-tu avoir pour les actualiser ? Le désir concerne toujours une réalité future. Ce n'est pas une nécessité de quoi que ce soit maintenant.

Je ne me coupe jamais de mon énergie sexuelle et je sais aussi ce que cela crée, alors je ne choisis pas d'aller là avec certaines personnes quand je sais que ça ne fonctionnera pas bien. Je réalise que mon énergie sexuelle est une contribution pour moi dans ma vie et je suis prêt à la regarder pour voir le choix que cela va créer. Je demande : « Quel choix puis-je faire qui créerait de l'argent immédiatement ? »

QUESTION DEUX : *Quel choix sexuel pourrais-je faire aujourd'hui qui me ferait gagner de l'argent pour moi immédiatement ?*

_____

_____

_____

_____

Il s'agit de recevoir. Il ne s'agit pas de copulation. Je peux avoir l'énergie sexuelle. Je peux apprécier l'énergie sexuelle. Je peux flirter. Je peux être romantique. Je peux faire tout ça, mais je suis aussi conscient de ce qui va se passer si je fais ça. Tu dois être prêt à savoir quel sera le résultat si tu choisis cela. Il ne s'agit pas d'être indifférent au sexe, à la copulation ou à l'argent ; il s'agit de ne pas avoir de nécessité. Quand tu as le point de vue que rien n'est une nécessité, tout devient un choix.

Par exemple, tu sais peut-être que si tu trompes ton partenaire, ce sera un désastre. Mais tu le trompes quand même parce que tu as besoin d'avoir des relations sexuelles avec quelqu'un d'autre pour te sentir bien dans ta peau. Tu ne trompes pas vraiment ton partenaire ; tu essaies de te retrouver. C'est une réalité différente. La plupart des gens, au lieu de demander « Qu'est-ce que je veux réellement créer ici ? » vont à « Il faut que je fasse l'amour. » Tu n'as pas besoin de faire l'amour. Tu aimerais faire l'amour. Tu es vivant, tu aimes faire l'amour. Est-ce que ça veut dire que tu vas le faire de la façon appropriée, de la façon dont ça devrait se faire ? Pas nécessairement.

J'ai un ami qui vend pour 5.000 dollars de produits par jour, minimum, après avoir fait l'amour. Alors, chaque fois qu'il se sent un peu mal avec son business, je lui dis : « Va faire l'amour. » Récemment, il a remarqué que dès qu'il pense à faire l'amour, il commence à vendre aussi. C'est là où tu dois arriver – cette sensation de « Comment est-ce que je vais créer de l'argent ? Quelle énergie dois-je être ? »

> Quelle énergie, espace et conscience est-ce que tu peux être pour avoir plus d'argent que Dieu pour toute l'éternité ? Tout ceci, fois un dieulliard, vas-tu le détruire et le décréer totalement ? Right and Wrong, Good and Bad, POD and POC, All 9, Shorts, Boys and Beyonds.

Le facteur de motivation

Est-ce tu te sens mal à l'aise quand il n'y a pas assez d'argent ? Cela devrait te rendre mal à l'aise. Tu associes la pensée « jamais assez » avec du souci et l'anxiété. Mais « jamais assez » n'est ni du souci ni de l'anxiété. « Jamais assez » est la nécessité de la création. Les gens mésidentifient et mésappliquent le souci et l'anxiété, non pas comme la création, ce qu'ils sont en réalité, mais comme une espèce de nécessité qui doit régir leur vie. Ce sentiment de nécessité devient leur facteur de motivation.

> Qu'as-tu mésidentifié et mésappliqué comme facteur de motivation qui n'est pas un facteur de motivation, que si tu ne le mésidentifiais pas comme un facteur de motivation te permettrait de créer plus grand que tu as jamais été prêt à, ou capable de créer ? Tout ceci, fois un dieulliard, vas-

tu le détruire et le décréer totalement ? Right and Wrong, Good and Bad, POD and POC, All 9, Shorts, Boys and Beyonds.

Où as-tu mésidentifié et mésappliqué la capacité à choisir et créer quelque chose de plus grand que tu as jamais été capable de choisir ou créer comme de l'anxiété et du souci ? Est-ce là le mensonge que tu utilises pour t'escroquer de l'argent que tu pourrais choisir ? Tout ceci, fois un dieulliard, vas-tu le détruire et le décréer totalement ? Right and Wrong, Good and Bad, POD and POC, All 9, Shorts, Boys and Beyonds.

Le sentiment de manque n'est pas réel. Est-ce qu'un être infini pourrait vraiment manquer de quoi que ce soit ? Non. Est-ce qu'un être infini pourrait vraiment se faire du souci ? Non. Est-ce qu'un être infini pourrait vraiment être anxieux ? Non. Alors, nom d'une pipe, qui essaies-tu d'être que tu n'es pas ? Un personnage en carton d'une réalité humanoïde ?

QUESTION TROIS : *Où me suis-je identifié comme un personnage en carton avec qui j'ai joué aux poupées de papier continuellement pendant toute ma vie ?*

_____

_____

_____

_____

Tu te crées comme une poupée de papier, quelqu'un te colle des habits dessus et puis tu lâches la poupée de papier dans le monde et tu fais : « À la prochaine ! » Si tu fais de toi un personnage de carton, est-ce que tu fais de toi un tas de merde ?

QUESTION QUATRE : *Où est-ce que j'ai fait de moi un tas de merde impuissant qui m'empêche d'avoir plus d'argent que Dieu ?*

_____

_____

_____

_____

Est-ce que Dieu a de l'argent ? Est-ce que Dieu a besoin d'argent ? Est-ce que Dieu a toujours ce qu'il veut ? Alors, pourquoi pas toi ? Dieu sait toujours que tu auras tout ce que tu veux si tu décidais seulement de le choisir.

Qu'as-tu mésidentifié et mésappliqué comme facteur de motivation qui n'est pas un facteur de motivation, que si tu ne le mésidentifiais pas comme un facteur de motivation te permettrait de créer plus grand que tu as jamais été prêt à, ou capable de créer ? Tout ceci, fois un dieulliard, vas-tu le détruire et le décréer totalement ? Right and Wrong, Good and Bad, POD and POC, All 9, Shorts, Boys and Beyonds.

Va à la question

Les gens me disent parfois : « Quand je commence à offrir un service ou une classe, j'ai des attentes et des conclusions sur le nombre de personnes qui vont se présenter et sur comment je vais faciliter l'événement. »

Je dis toujours : « Tu dois aller à la question. Dès l'instant où tu vas à la conclusion, tu as terminé le tout et tu ne peux pas avoir l'argent. »

Il y avait un homme qui faisait Access. Douze personnes s'étaient inscrites à une classe qu'il donnait et il disait : « C'est génial ! Je vais pouvoir payer toutes mes factures et faire blablabla. »

J'ai pensé : « Grossière erreur », mais il ne m'a pas posé de question, alors je me suis tu. Le jour de sa classe, une seule personne était là. Douze personnes s'étaient inscrites, mais une seule est venue. Le gars m'a appelé et il m'a demandé : « Qu'est-ce que j'ai fait ? »

J'ai dit : « Tu as dépensé l'argent avant de l'avoir. Tu l'as dépensé avant qu'il n'arrive. »

Quand tu deales de la drogue, tu sais que personne n'achètera ton produit tant qu'il n'arrive pas avec l'argent. Tu ne comptes jamais sur une vente ; tu attends que quelqu'un te remette l'argent. Quand tu deales de la drogue, tu ne lâches rien tant que tu n'as pas l'argent.

Et bien, tu deales la drogue de la conscience. Tu n'as rien à vendre et tu n'as rien à donner et personne ne va te prendre ce que tu as tant que personne ne vient avec l'argent en main. Si tu fais autrement, tu dépenses ta fortune avant de l'avoir gagnée.

Qu'as-tu rendu de si vital à dépenser ta fortune avant de l'avoir gagnée qui t'assure que tu n'auras effectivement jamais de fortune ? Tout ceci, fois un dieulliard, vas-tu le détruire et le décréer totalement ? Right and Wrong, Good and Bad, POD and POC, All 9, Shorts, Boys and Beyonds.

QUESTION CINQ : *Quelles projections, rejets, attentes, jugements et séparations ai-je qui créent ma situation financière et ma clientèle actuelles ?*

_____

_____

_____

_____

_____

QUESTION SIX : *Quelles projections, rejets, attentes, jugements et séparations est-ce que j'utilise pour éviter l'argent que je pourrais choisir ?*

_____

_____

_____

_____

_____

Les projections et les attentes sont ce que tu penses que quelqu'un d'autre va faire, même s'il ne le fera pas. Une *projection* serait : « Cet homme est parfait pour moi. » Une attente serait : « Il aura le même point de vue sur moi que j'ai sur lui. Il pensera que je suis parfait pour lui. »

Le *jugement*, c'est tout point de vue fixe ou toute conviction que quelqu'un ou quelque chose a pour être d'une certaine façon. La *séparation*, c'est ce qui se passe dès que tu émets un jugement, quel qu'il soit. Tu te sépares de la personne ou de la chose que tu juges, même si c'est toi. Le *rejet*, c'est écarter ou refuser quelque chose.

Chaque fois que tu fais des projections et attentes en tous genres, tu sépares, juges et rejettes tout ce qui t'apporterait la conscience. Tu élimines ta conscience.

Tes projections et attentes de ce qui se passe ou de ce qui devrait se passer créent la limitation de ce qui se présente en ce moment même. Les projections, rejets, attentes, jugements et séparations ne te mèneront nulle part. Tout ce que cela t'apporte, c'est « pas de revenus ». Quand tu as peu ou pas de revenus, tu dois poser la question :

QUESTION SEPT : *Quel choix est-ce que je fais pour avoir l'argent que j'ai maintenant et pas plus ?*

_____

_____

_____

_____

_____

Comment changer le monde par la façon dont tu utilises l'argent ?

J'aimerais créer 100 millions de dollars par an. Pourquoi ? Parce que je veux être riche et célèbre ? Non. Parce que je suis riche et que je veux être encore plus riche et plus célèbre ? Non. C'est parce que je veux voir ce que je peux faire pour changer le monde et l'argent est l'une des nombreuses choses que tu peux utiliser pour changer le monde.

Il ne s'agit pas de la somme que tu dépenses pour créer un changement. Il s'agit de la somme d'argent que tu as et comment cela peut changer le monde. J'ai raconté l'histoire un millier de fois, où j'avais laissé un pourboire de six dollars pour un en-cas de six dollars. Tu dois considérer la situation et demander : « Qu'est-ce que je veux vraiment créer ici ? Qu'est-ce qui est vraiment possible ? » Dans ce cas précis, ce pourboire de six dollars a changé la vie d'une femme. Est-ce que ça a changé le monde ? Oui. Chaque fois que tu laisses un pourboire, tu utilises l'argent pour changer la vie des gens. Tu changes le monde. Tu peux changer la vie des gens avec cinq dollars ou cinquante dollars ou avec cent dollars. Tu peux changer le monde avec le montant que tu as de disponible dans ta poche, quel que soit ce montant.

> L'argent est un outil que tu peux utiliser pour créer une réalité différente. L'utilises-tu ainsi ? Tout ce qui ne permet pas cela, fois un dieulliard, vas-tu le détruire et le décréer totalement ? Right and Wrong, Good and Bad, POD and POC, All 9, Shorts, Boys and Beyonds.

QUESTION HUIT : *Qu'est-ce que je peux faire avec mon argent maintenant qui changerait le monde immédiatement ?*

_____

_____

_____

_____

QUESTION NEUF : *Que puis-je être ou faire aujourd'hui qui me ferait gagner facilement de l'argent, toujours ?*

_____

_____

_____

_____

« Puis-je avoir de l'argent, s'il te plaît ? »

Une dame me racontait qu'elle avait organisé une classe chez elle, et après la classe, une petite fille de cinq ans qui adore lui rendre visite avait demandé : « Est-ce que je peux avoir une sucette ? »

Et la dame a répondu : « Je n'ai pas de sucettes dans la maison, mais j'ai du chocolat. » La petite fille a dit : « Je veux une sucette. Est-ce qu'on peut regarder dans ton panier ? »

Alors, elles sont montées voir à l'étage dans le panier et il n'y avait pas de sucettes. Puis tout d'un coup la petite fille a dit : « Regarde ! J'en ai trouvé une ! » et elle a sorti une sucette du panier – et puis une deuxième, puis elle dit : « Tu vois ? Tu as des sucettes. »

La dame, qui jure que ces sucettes n'étaient pas là avant, a répondu à la petite fille : « J'adore la façon dont tu crées. »

Les enfants sont prêts à être tout et à recevoir tout. Ils sont prêts à être l'infinitude. Et nous ?

La petite fille a dit : « Je veux une sucette. » Est-ce que c'est comme ça que tu demandes de l'argent ? Est-ce que tu dis : « Je veux de l'argent » ? Ou est-ce que tu demandes : « Qu'est-ce que je vais devoir faire pour avoir de l'argent ? »

Je dis : « OK, j'ai besoin de plus d'argent. Est-ce que je peux avoir plus d'argent, s'il te plaît ? » C'est comme les enfants. Ils te regardent et demandent : « Est-ce que je peux encore avoir de ça, s'il te plaît ? » et toi, tu dis, « Bien sûr. »

Si tu étais l'univers et qu'un petit enfant te demandait : « Est-ce que je peux encore avoir de ça ? », tu dirais « Oui. » Mais tu agis comme si l'univers n'allait pas te répondre comme toi tu répondrais. Et si tu étais totalement honnête et que tu demandais « Puis-je avoir de l'argent, s'il te plaît ? » Est-ce que l'univers te répondrait exactement comme toi tu répondrais au petit enfant ?

L'un de mes amis avait des entrées pour l'aquarium et y emmenait son fils. Alors qu'ils entraient, le gamin a demandé : « Papa, est-ce que je peux avoir un jouet ? » Le père met la main en poche et réalise qu'il n'a pas pris son portefeuille, ni ses cartes de crédit, ni aucune monnaie. Il avait juste les entrées. Il lui a dit : « Il va falloir qu'on trouve quelqu'un qu'on connaît pour avoir de l'argent. »

Ils sont entrés dans un ascenseur et le gamin a dit : « Allons au troisième étage Papa », il appuie sur le bouton du troisième. La porte du troisième étage s'ouvre et il y avait un billet de dix dollars par terre, l'argent pour le jouet du gamin. Mission accomplie !

Est-ce que tu vas rendre ta vie aussi facile que ça ? Non, il faut que tu rendes les choses difficiles. Les gens me disent : « Tu dis ça comme si c'était facile. »

Je réponds : « C'*est* facile. »

Ils me répondent : « Et bien, ce n'est pas facile pour moi ! » Est-ce ton point de vue aussi ? Est-ce que tu réalises que tu ne désires pas que ce soit facile ? Une fois, j'ai demandé à une classe : « Qu'est-ce qu'il adviendrait de votre vie si la vie était facile ? »

Une dame a dit : « Oh ! Tout serait si simple. Ce serait adorable ! »

J'ai dit : « Ce serait *adorable* ! » Et si tu pouvais avoir une vie outrageuse ? Remarque que tu n'as pas dit que ce serait excitant ou amusant. *Adorable*, c'est un mot que tu utilises pour parler d'une jolie robe. Tu choisis une robe adorable ; tu ne choisis pas de l'argent adorable. Tu veux une vie adorable au lieu d'une vie fabuleuse. Tu ne veux même pas une robe fabuleuse qui époustoufle tout le monde quand tu entres dans la pièce. Tu dois dépasser ce point de vue que tu veux vivre une vie adorable.

Refuses-tu d'avoir la vie outrageuse que tu aimerais vraiment avoir ? Tout ceci, fois un dieulliard, vas-tu le détruire et le décréer totalement ? Right and Wrong, Good and Bad, POD and POC, All 9, Shorts, Boys and Beyonds.

Tu dois regarder quel est ton point de vue. Quel est ton point de vue par rapport à l'argent, qui t'empêche d'en avoir ? Débarrasse-toi de l'idée que ce serait *chouette* ou *adorable*.

L'argent vient avec la spécificité de ce que tu veux créer

Que devras-tu être ou faire pour obtenir ce que tu désires réellement ? Tu devras être spécifique si tu veux créer de l'argent. L'argent vient avec la spécificité de ce que tu veux créer. Et si tu demandais : « Que vais-je devoir être ou faire pour avoir la vie fabuleuse que je désire vraiment ? »

Personnellement, j'aime les belles choses. J'ai vu beaucoup de gens qui avaient de belles choses dans leur maison, mais dans la plupart de ces maisons, on ne peut utiliser aucune de ces belles choses. Tu ne peux t'asseoir sur aucun meuble. Il y a de petites cordelettes en travers des divans parce qu'ils sont de qualité muséale. J'ai maintenant une maison qui contient ce genre de choses. Est-ce que les gens peuvent s'asseoir sur mes divans et mes fauteuils ? Oui ! Mon point de vue est que si tu n'utilises pas les choses, quel est l'intérêt de les avoir ?

Un participant à une classe avancée Comment devenir l'argent disait : « Ma mère recouvrait nos sofas de plastique. »

Je lui ai répondu : « Tu dois retirer le plastique qui recouvre ta vie. » Ta vie, pour l'instant, est recouverte de plastique pour qu'elle ne se salisse pas, pour qu'elle ait toujours l'air jolie, peu importe le nombre de fois que tu t'assieds dessus, mais tant qu'elle est recouverte de plastique, tu ne peux pas vraiment la toucher. Et si tu touchais ta vie ?

Recouvres-tu ton sofa de plastique ? Où plastifies-tu ta réalité pour ne pas devoir la toucher ?

QUESTION DIX : *Où est-ce que je plastifie ma vie pour ne pas devoir la toucher ou m'y impliquer ?*

_____

_____

_____

_____

Les choses doivent pouvoir être désordonnées. Si tu veux avoir une vie outrageuse, si tu veux vivre une vie hors normes, si tu veux vraiment avoir de l'argent, tu dois être prêt au désordre. Cela ne veut pas dire qu'il doive faire désordonné chez toi ; cela veut dire que tu vas perturber tous ceux qui ne vont pas dans ton sens.

Tu dois être prêt à perturber la vie des gens parce que les gens veulent une vie plastifiée où rien ne les touche jamais.

J'ai eu une femme de ménage qui était hyper lente. J'ai dit : « Je ne paie pas quelqu'un 20 dollars de l'heure pour travailler aussi lentement. Je vais réduire le salaire à 12 dollars de l'heure. » Et maintenant, elle est reconnaissante pour ce travail. Elle vient et elle fait tout plus vite. Je ne sais pas comment ça se fait. Elle est ravie d'avoir ce job. Elle me remercie tous les jours de l'avoir engagée. Hein ? Comment se fait-il que ça marche comme ça ? Parce que c'est comme ça que ça marche. Les gens ne peuvent pas avoir plus grand que ce qu'ils sont prêts à avoir.

QUESTION ONZE : *Qu'ai-je décidé que je n'étais pas prêt à avoir qui soit plus grand que ce que je suis prêt à avoir ?*

_____

_____

_____

_____

Un jour, je parlais du fait d'avoir une vie désordonnée et quelqu'un a dit : « Quand j'interagis avec les gens, j'ai l'impression de les repousser. »

Je lui ai dit : « Oui, n'est-ce pas amusant ça ?

Elle a répondu : « C'est horrible. Je déteste ça. »

J'ai dit : « Non ! Si tu détestais vraiment ça, tu ne le ferais pas. » Quand tu repousses les gens, ils ne peuvent pas s'approcher de toi. C'est ce qui s'appelle plastifier ta vie. C'est ta façon de préserver ton monde plastique. Tu ne veux pas toucher aux profondeurs de la possibilité de ce que tu pourrais créer maintenant, parce que si tu le faisais, tu devrais t'outrefaire. »

Réponds une nouvelle fois aux questions suivantes. Et retire le plastique de tes meubles et de ta vie !

QUESTIONS DU CHAPITRE QUATRE

PREMIÈRE QUESTION : *Où est-ce que j'évite le sexe pour pouvoir éviter l'argent ?*

_____

_____

_____

_____

QUESTION DEUX : *Quel choix sexuel pourrais-je faire aujourd'hui qui me ferait gagner de l'argent pour moi immédiatement ?*

_____

_____

_____

_____

QUESTION TROIS : *Où me suis-je identifié comme un personnage en carton avec qui j'ai joué aux poupées de papier continuellement pendant toute ma vie ?*

_____

_____

_____

_____

QUESTION QUATRE : *Où est-ce que j'ai fait de moi un tas de merde impuissant qui m'empêche d'avoir plus d'argent que Dieu ?*

_____

_____

_____

_____

QUESTION CINQ : *Quelles projections, rejets, attentes, jugements et séparations ai-je qui créent ma situation financière et ma clientèle actuelles.*

_____

_____

_____

_____

QUESTION SIX : *Quelles projections, rejets, attentes, jugements et séparations est-ce que j'utilise pour éviter l'argent que je pourrais choisir ?*

_____

_____

_____

_____

QUESTION SEPT : *Quel choix est-ce que je fais pour avoir l'argent que j'ai maintenant et pas plus ?*

_____

_____

_____

_____

QUESTION HUIT : *Qu'est-ce que je peux faire avec mon argent maintenant qui changerait le monde immédiatement ?*

_____

_____

_____

_____

QUESTION NEUF : *Que puis-je être ou faire aujourd'hui qui me ferait gagner facilement de l'argent, toujours ?*

_____

_____

_____

_____

QUESTION DIX : *Où est-ce que je plastifie ma vie pour ne pas devoir la toucher ou m'y impliquer ?*

_____

_____

_____

_____

QUESTION ONZE : *Qu'ai-je décidé que je n'étais pas prêt à avoir qui soit plus grand que ce que je suis prêt à avoir ?*

_____

_____

_____

_____

CHAPITRE CINQ

QUE VEUX-TU FAIRE DE TA VIE ?

À propos de la création d'argent : tu es un humanoïde. Tu ne te préoccupes pas vraiment de l'argent, et si tu n'avais aucun objectif pour lequel tu devrais en avoir, tu n'en aurais jamais. Toutefois, si tu pouvais voir ce que tu ferais si tu avais 100 millions de dollars, tu pourrais commencer à créer 100 millions pour faire ce que tu voudrais faire. Pour avoir de l'argent, tu as besoin d'une finalité.

Que veux-tu faire de ta vie ? C'est pour cela que tu dois demander : « Si j'avais 100 millions de dollars, qu'est-ce que j'en ferais ? Qu'est-ce que je créerais ? »

Créer au-delà de cette réalité

Tu dois prendre conscience du fait que « Je ne crée pas vraiment ma vie. » Et puis demande : « Est-ce que c'est ça que je veux vraiment vivre ? » Ou est-ce que je désire faire quelque chose de différent ? Et si tu faisais quelque chose de différent, que ferais-tu ? Mais il ne s'agit pas vraiment de ce que tu ferais, mais de ce que tu serais. Que devrais-tu être pour avoir une réalité différente de celle que tu as actuellement ?

> Que devrais-tu être pour avoir une réalité différente de la réalité que tu as actuellement ? Tout ceci, fois un dieulliard, vas-tu le détruire et le décréer totalement ? Right and Wrong, Good and Bad, POD and POC, All 9, Shorts, Boys and Beyonds.

Je parlais à une femme qui me disait : « Si j'avais 100 millions de dollars, je ne crois pas que je voudrais créer quoi que ce soit. Je voudrais juste vivre ce monde et voyager et vivre des aventures, mais j'ai une résistance à essayer de comprendre comment avoir l'argent pour faire tout ça. » Son point de vue était : « Je ne veux pas avoir à gagner de l'argent. Je veux juste pouvoir jouer. »

Je lui ai dit : « Tu as gobé tous les choix de cette réalité et tu n'as pas choisi pour toi. Si tu veux voyager et voir le monde, c'est cette réalité. Qu'est-ce que tu créerais si tu créais tout ce que tu veux ? »

C'est être l'énergie de créer au-delà de cette réalité. Il y a tellement plus de choix ! Combien de choix en plus pourrais-tu avoir si tu avais vraiment tes choix ? Quel choix ferais-tu si tu choisissais pour toi ? Et alors, tu demandes : « Quel choix est-ce que je fais pour avoir l'argent que j'ai maintenant et pas plus ? »

Pose-toi cette question...

PREMIÈRE QUESTION : *Qu'ai-je rendu de si vital à choisir dans le menu de cette réalité qui m'empêche d'avoir ma réalité ?*

Une dame qui était sur le point de prendre un avion pour faire une classe Cheval conscient, cavalier conscient aux États-Unis m'a appelée en me disant : « Un taxi arrive dans quatre heures pour m'amener à l'aéroport. Je veux vraiment faire ce voyage, mais tout dans cette réalité me dit ne pas y aller. 'Ce n'est pas pratique. Pense à ta famille, à ta belle-famille, à tes finances !' Il y a un schéma récurrent ici. Je fais des choses qui sont inconcevables pour les autres. Je vois des choses que je pourrais être ou faire différemment, et pourtant une part de moi gobe toujours cette réalité. »

Je lui ai demandé : « À partir de quoi essaies-tu de créer ? La conscience ? Des conclusions ? Ou la justesse du point de vue de quelqu'un d'autre ? Quelle part de ton univers inconcevable appartient-elle à d'autres personnes ? »

Elle m'a répondu : « Je suis consciente que j'ai un choix différent de tout le monde. Je suis consciente que je suis prête à choisir des choses inconcevables, mais cette réalité prend beaucoup trop de mon temps pour le moment. »

Est-ce que ceci te décrit ? Tu dois demander : « Qu'est-ce que je veux créer ? Quelle est la chose la plus importante pour moi dans toute ma vie, que si je pouvais la créer, cela me rendrait heureuse ? Choisis-tu ce qui te rend vraiment heureux ? Ou essaies-tu de faire en sorte que les gens se sentent confortables et heureux ?

Pourquoi est-ce un problème pour toi que les autres aient un point de vue différent du tien ? Si personne n'est d'accord avec toi, dois-tu voir la justesse de leur point de vue ? Pourquoi même te préoccuper de savoir pourquoi ils choisissent ce qu'ils choisissent ?

Pourquoi te préoccupes-tu de leur point de vue ? Parce que tu es supposé t'en préoccuper ? C'est ce qu'on appelle : « Le bon sens de l'autre doit être plus grand que le mien, parce que je sais que je suis fou. » Tu penses que les gens vont te mettre une camisole de force et t'enfermer. Ne va pas à la conclusion sur tes choix. Pose une question.

QUESTION DEUX : *S'il n'y avait aucune conclusion sur ce que je choisis, qu'est-ce que je créerais ?*

_____

_____

_____

_____

_____

Tu continues à essayer de voir si les choix que tu fais sont bons ou mauvais. Mais si tu essaies de voir si tes choix sont bons ou mauvais, tu ne peux pas voir ce qu'ils ont créé. Tu ne peux voir que les jugements que les autres en font.

Tu fais un choix et tu dis : « Ce n'était pas mon meilleur choix. » Mais au lieu de demander : « Qu'est-ce que je peux choisir d'autre ? », tu commences à chercher là où tu avais raison et là où tu avais tort.

La force que tu es

Et si tu n'avais jamais raison ? Et si tu n'avais jamais tort ? Il n'y aurait plus qu'une seule chose que tu puisses être : totalement fort. Si tu n'as jamais raison et que tu n'as jamais tort, la seule chose qui te reste c'est d'être totalement fort. Parce que la force vient de la conscience et de la différence que tu es, pas du jugement des réalités des autres sur tes choix.

La plupart d'entre nous ne reconnaissons pas la force que nous avons et sommes. Comment cela pourrait-il être acceptable pour toi de ne jamais reconnaître la force que tu es ?

QUESTION TROIS : *Quelles forces est-ce que je ne reconnais pas ?*

_____

_____

_____

_____

La force, c'est un endroit où tu sais que tu ne peux être brisé. Quelqu'un a-t-il essayé de te briser ? Y est-il parvenu ? Non. Est-ce que quelqu'un pourrait te courber, te plier, te plaquer au sol et te mutiler ? Uniquement dans la mesure où tu lui permets de le faire. Tu n'as pas besoin de donner raison à cette personne. Tu n'as pas besoin de donner tort à cette personne. Tu dois juste être fort.

Qu'est-ce qui te rend plus fort que les autres ? Ne pas avoir de jugement ou de point de vue, en particulier à ton propre sujet. Quand tu parviens à cela, tu es plus fort que quiconque.

QUESTION QUATRE : *Note cinq choses que tu as décidé que tu étais, ou cinq caractéristiques que tu as. Puis regarde-les chacune et demande : Est-ce un tort ou une force ?*

_____

_____

_____

_____

Les caractéristiques sont un choix que tu as fait, puis que tu as solidifié comme étant tout ce que tu es, comme si tu n'étais rien d'autre.

QUESTION CINQ : *Maintenant, note cinq choses que tu penses qui sont vraiment mauvaises chez toi. Puis regarde-les chacune et demande : est-ce que c'est un défaut ou une force que je n'ai pas voulu reconnaître ?*

_____

_____

_____

_____

_____

Le meilleur de toi, c'est ce que tu penses qui est un tort de toi. Par exemple, penses-tu que tu es nul avec l'argent ? Tu dois voir comment l'opposé est vrai chez toi. Si tu peux être une face de la médaille, tu peux aussi être l'autre. Tu peux vivre sur la tranche de la médaille et tu peux passer d'un côté à l'autre à volonté. Tu dois être prêt à voir la force et ne pas chercher le tort.

QUESTION SIX : *Considère chaque élément que tu as noté aux questions quatre et cinq.*
- *Demande : quel est l'opposé de cela ? Note tes réponses.*
- *Demande : suis-je capable d'être l'opposé de ceci aussi ? Note tes réponses.*
- *Puis demande : si je suis prêt à être ceci et l'opposé de ceci, quel genre de force puis-je avoir et être ? Note tes réponses.*

_____

_____

_____

_____

_____

Reconnais la force

J'ai récemment découvert que les gens que j'avais engagés pour traiter toute une série de choses financières et juridiques sont parvenus à établir sur une année une facture de sept cent cinquante mille dollars en honoraires et charges financières. Je ne me donne pas tort de ne pas avoir vu cela avant qu'ils n'aient fait de dégâts. Je prends simplement cette prise de conscience, je choisis quelque chose qui fonctionne pour moi, et puis je le fais.

Il ne s'agit pas de voir quelque chose instantanément avant que ça ne fasse de dégâts. Il s'agit de reconnaître la force que ces dégâts te montrent que tu es capable de régler. Qu'es-tu capable de régler que les autres ne peuvent pas ? Et si ce n'était pas vraiment des dégâts ? Et si c'était quelque chose qui te donnait un sens de toi que tu ne pourrais pas avoir autrement ?

J'étais conscient que ces gens pourraient nous donner l'information dont nous avions besoin et nous l'avons eue. J'étais absorbé par le fait qu'ils *pouvaient* fournir et pas qu'ils *allaient* fournir. La prochaine fois, je regarderai à ce qu'une personne peut et va fournir.

Honnêtement, je suis reconnaissant que cela ce soit passé. Nous pouvons maintenant continuer d'une façon qui était impossible avant. Y avait-il là un tort quelconque ? Non, cela faisait partie de la façon dont nous avons eu la prise de conscience que nous voulions. Je veux la conscience totale. Je me fous de ce qu'il faut pour y arriver. Je me fous de ce que je dois perdre pour y arriver. Tu dois arriver à cet endroit où tu es prêt à voir les choses de ce point de vue.

Faire dans le « pathétique »

Quelqu'un a dit : « Parfois, c'est comme si le pathétique avait plus de valeur que la reconnaissance de la force que je suis. »

J'ai dit : « C'est parce que tu es parvenu à obtenir beaucoup en étant pathétique. Quand tu fais dans le pathétique, les gens te donnent des choses, ils prennent soin de toi et ils te rendent divers services. C'est pour cela que le pathétique a plus de valeur. Ça fonctionne. La question est : 'Que veux-tu qui se passe ?' Ce n'est pas un tort d'être pathétique. C'est un excellent outil. C'est une façon d'embrouiller les autres.

Je peux être pathétique si j'ai besoin d'être pathétique. Je suis très fort pour faire semblant de passer un très mauvais moment. On était en train d'enregistrer des gens pour la classe Cheval conscient, cavalier conscient et j'ai dit : « Je ne sais pas comment faire ça sur mon téléphone. Je ne sais pas si mon téléphone fait ça. Tu veux bien le faire pour moi, s'il te plaît ?

La personne à qui je parlais m'a dit : « Tu dois arrêter de faire semblant de croire les bobards que tu nous balances sur le fait que tu es incompétent avec la technologie. On t'a vu faire plein de choses qui ne sont pas du tout incompétentes. »

J'ai dit : « Oups, j'ai été démasqué. »

Plutôt que de reconnaître la force, tu cherches toujours la faiblesse et tu fais de cette faiblesse un tort. Tu ne demandes pas : « Comment cette faiblesse me rend-elle fort ? Si je fais dans le pathétique, comment est-ce que c'est une force pour moi ? Qu'est-ce que je crée avec ce point de vue.

Ne vois-tu pas à quel point tu es génial ? Tu peux faire pathétique exactement au bon moment pour que les gens fassent exactement ce que tu veux qu'ils fassent. C'est juste un choix. Choisis ce qui fonctionne pour ces dix secondes. Peu importe ce que tu choisis. Cela n'a pas d'importance !

À qui vas-tu faire confiance ?

La femme qui était sur le point de prendre l'avion pour se rendre à la classe Cheval conscient, cavalier conscient disait : « Il n'y a aucune bonne raison pour moi de prendre un avion pour aller aux États-Unis dans quatre heures ; pourtant, ma conscience est que je ne peux pas me permettre de ne *pas* aller à l'aéroport dans quatre heures. »

Je lui ai dit : « Alors, à qui vas-tu faire confiance ? » Elle a répondu : « Moi ! »

Tu peux prendre un engagement total quand tu veux. La question est : prends-tu un engagement total envers toi-même ?

Est-ce que tu dis : « Je me sens en sécurité de faire ce pas suivant. Peut-être que je vais tomber de la falaise, mais je sais que j'aurais toujours une bouée de sauvetage. » ? Est-ce que tu sais que tu as une bouée de sauvetage, quelle qu'elle soit, même si c'est ta propre force ? Ou bien, est-ce que tu dis : « Oh mon Dieu ! Je n'ai rien du tout ! Pourquoi est-ce que je fais ça ?

QUESTION SEPT : *Si je n'avais pas de bouée de sauvetage, qu'est-ce que je serais ?*

_____

_____

_____

_____

_____

Créer le futur par incréments de dix secondes

La femme qui était sur le point de prendre l'avion savait qu'en allant à la classe Cheval conscient, cavalier conscient, sa vie serait meilleure, même si elle n'avait aucune idée de comment cela allait fonctionner.

La plupart d'entre vous avez le point de vue que « Et bien, si faire ceci, c'est créer de l'argent dans le futur, je peux le faire, mais si ce n'est pas pour de l'argent futur, je ne peux pas. »

Je ne fais pas ça. Je demande : « Si je choisis ceci, comment mon futur sera-t-il ? Si je ne choisis pas ceci, comment mon futur sera-t-il ? »

Même avec les gens qui nous ont pris sept cent cinquante mille dollars, je savais que nous étions en train de créer un futur. Et puis, il y a eu un certain point où j'ai dit : « OK, ceci ne crée pas le futur. Cela ne va pas dans la direction du futur qu'on voudrait actualiser. Quelque chose doit changer. Il faut quelque chose de différent ici. »

Quand nous avons pris conscience que quelque chose devait changer, nous avons fait ce qu'il fallait pour que ça change. Tu dois être conscient de quand c'est le moment de changer. Tu dois être conscient de quand c'est le moment de faire quelque chose. Ne fonctionne pas à partir de l'idée que quoi que ce soit est juste ou faux, bon ou mauvais. C'est juste ce qui est.

Dès l'instant où tu vas dans la justesse ou le tort, tu tues le futur. Dès l'instant où tu vas dans l'erreur et la difficulté, tu tues le futur. Tu dois regarder les choses et demander : « OK, et maintenant quoi ? Où aller maintenant pour maintenir un futur plus grand que j'ai jamais cru possible ? »

Tu es simplement là où tu es et tu dois aller ailleurs. Ce n'est pas, « Je dois faire ce qu'il faut » ou « Je dois m'assurer de ne pas refaire la même erreur », ou quoi que ce soit de ce genre. C'est : « Je sais où je dois aller et je suis prêt à y aller. »

Tu dois demander : « Si je ne créais pas le tort, le mauvais et le jugement, à quelle vitesse ce que je désire s'actualiserait-il dans mon futur ? » C'est la question suivante sur ta liste, parce que tu dois arrêter d'aller dans le tort et la justesse.

QUESTION HUIT : *Si je ne créais pas le tort, le mauvais et le jugement, à quelle vitesse ce que je désire s'actualiserait-il dans mon futur ?*

_____

_____

_____

_____

_____

Tu commences dans une direction et si ça ne prend pas le tour que tu pensais que cela aurait dû prendre, tu vas dans le jugement de cela, ce qui détruit alors le futur que tu avais créé.

Un bon ami me disait : « Cela ne ressemble jamais à ce que tu croyais. » Si cela est différent de ce que nous pensons que cela sera, qu'est-ce que ce sera ?

Cela touche à tous ces endroits où tu pensais que tu devais créer quelque chose ou faire quelque chose et alors tu te dis : « Oh mon Dieu. Qu'est-ce que j'ai fait de travers ? »

Ce que tu as fait de travers, c'est que tu as décidé que tu avais fait quelque chose de travers, et le futur s'est terminé à cet instant même. Nous passons plus de temps de notre vie à mettre fin à nos futurs qu'à en créer les possibilités.

Contourner l'incontournable

Tu te mets des montagnes en travers du futur que tu essaies de créer. Pour pouvoir te débarrasser des montagnes, tu dois altérer la façon dont tu fais les choses.

S'il y a des montagnes, c'est que tu les a créées. Et si tu pouvais les détruire aussi facilement que tu les as créées ? La difficulté est que la plupart d'entre nous ne voulons pas voir cela, parce que si nous le voyions, nous devrions croire en quelqu'un dans lequel nous ne croyons pas ; nous-mêmes.

Tu vois un objet insurmontable et tu penses que cet objet insurmontable est réel. Je le regarde et je demande : « Comment contourner ceci ? »

L'objet insurmontable est la chose que tu dois contourner, pas ce que tu dois surmonter. Et s'il n'y avait rien à surmonter, et que tout était contournable ? Mais tu ne penses pas être aussi doué que ça, n'est-ce pas ? *Je* pense que tu es aussi doué que ça, mais *toi* pas. Tu as la capacité de choisir des choses que les autres ne peuvent pas choisir, mais tu continues à agir comme si c'était un tort, ou que d'une façon ou d'une autre tu es en tort ou que quelque chose doit se passer.

Je regarde où je suis. Je suis dans le présent. Je demande : « Où dois-je aller ? Que dois-je faire aujourd'hui ? Qu'est-ce qui doit être réglé ? »

Rendre les autres plus importants que toi

As-tu observé que très peu de gens s'intéressent réellement à toi ? La plupart d'entre eux veulent parler d'eux-mêmes. Pourquoi ? Parce qu'ils sont stupides ! Les gens stupides parlent toujours d'eux-mêmes ; ils ne s'intéressent pas du tout à toi. Une personne intelligente s'intéresse à tout le monde, et à propos, cela veut dire que la plupart des gens ne sont pas intelligents. Quand les gens ne s'intéressent pas à toi, c'est parce qu'ils ne sont pas intelligents.

Tu refuses de voir ça. Tu conclus que si quelqu'un ne s'intéresse pas à toi, cela veut dire qu'ils sont plus grands ou plus importants que toi. *Important* signifie supérieur à toi. Des gens m'ont dit qu'ils rendaient les autres plus grands ou plus importants à cause de leur carrière, de leur argent ou parce qu'ils semblaient bons ou accueillants, ou quelque chose du genre. Pourquoi essaies-tu te rendre quelqu'un d'autre plus grand ou plus important que toi ?

Si tu rends les autres plus importants que toi, ils vont créer contre toi. Par exemple, j'ai rendu notre conseil juridique plus important parce que je pensais qu'ils savaient des choses que je ne savais pas. Est-ce qu'ils savaient des choses que je ne savais pas ? Non. Ils avaient des informations que je n'avais pas. C'est différent. Cela ne veut pas dire qu'ils savaient plus que moi ou qu'ils étaient plus importants que moi. Je regardais l'information qu'ils pouvaient me donner et je considérais cela comme tellement important que je devais endurer ce qu'ils faisaient. J'étais prêt à ne pas voir ce qu'ils faisaient parce que je les avais rendus si importants. Nous faisons tous ça. Rien de tout ça n'est un tort. Cela nous rend juste un petit peu myopes.

Donner de la valeur à quelqu'un est différent de rendre quelqu'un important. Des personnes qui ont de la valeur, ce sont des gens qui vont te donner. J'ai des personnes qui travaillent pour moi. Sont-elles capables de faire ce que je fais ? Non. Est-ce que ça a de l'importance ? Non. Peu importe que les gens soient capables de faire ce que je fais. Ce qui importe, c'est qu'ils fassent ce que j'ai besoin qu'ils fassent pour que ma vie fonctionne.

Si quelqu'un fait cela, s'il est prêt à faire ce que j'ai besoin qu'ils fassent pour que ma vie fonctionne, cette personne a de la valeur dans ma vie.

Je considère la femme de ménage qui nettoie ma maison et change mes draps comme une personne de grande valeur. Elle est une contribution à ma vie. Pourquoi ? Parce que quand j'entre dans ma chambre et que je vois que mon lit est fait et qu'il a l'air d'un million de dollars, est-ce que ça m'aide ? Oui, absolument. Ceux dont tu as décidé qu'ils n'avaient pas de valeur ne peuvent pas créer avec toi. Ils ne peuvent créer que contre toi.

QUESTION NEUF : À qui est-ce que je ne donne pas de valeur dans ma vie que si je leur donnais de la valeur créerait plus dans ma vie ?

_____

_____

_____

_____

_____

QUESTIONS DU CHAPITRE CINQ

PREMIÈRE QUESTION : *Qu'ai-je rendu de si vital à choisir dans le menu de cette réalité qui m'empêche d'avoir ma réalité ?*

_____

_____

_____

_____

_____

QUESTION DEUX : *S'il n'y avait aucune conclusion sur ce que je choisis, qu'est-ce que je créerais ?*

_____

_____

_____

_____

_____

QUESTION TROIS : *Quelles forces est-ce que je ne reconnais pas ?*

_____

_____

_____

_____

_____

QUESTION QUATRE : *Note cinq choses que tu as décidé que tu étais, ou cinq caractéristiques que tu as. Puis regarde-les chacune et demande : est-ce un tort ou une force ?*

QUESTION CINQ : *Maintenant, note cinq choses que tu penses qui sont vraiment mauvaises chez toi. Puis regarde-les chacune et demande : est-ce que c'est un défaut ou une force que je n'ai pas voulu reconnaître ?*

QUESTION SIX : *Considère chaque élément que tu as noté aux questions quatre et cinq.*
- *Demande : quel est l'opposé de cela ? Note tes réponses.*
- *Demande : suis-je capable d'être l'opposé de ceci aussi ? Note tes réponses.*
- *Puis demande : si je suis prêt à être ceci et l'opposé de ceci, quel genre de force puis-je avoir et être ? Note tes réponses.*

QUESTION SEPT : *Si je n'avais pas de bouée de sauvetage, qu'est-ce que je serais ?*

_____

_____

_____

_____

_____

QUESTION HUIT : *Si je ne créais pas le tort, le mauvais et le jugement, à quelle vitesse ce que je désire s'actualiserait-il dans mon futur ?*

_____

_____

_____

_____

_____

QUESTION NEUF : *À qui est-ce que je ne donne pas de valeur dans ma vie que si je leur donnais de la valeur créerait plus dans ma vie ?*

_____

_____

_____

_____

_____

CHAPITRE SIX

LA RICHESSE ET LA FORTUNE

Je connais une femme dont l'arrière grand-père est venu d'Irlande aux États-Unis à la fin des années 1800. Il est allé au Texas et il a demandé : « Comment puis-je avoir des terres ? »

Il s'est dit : « Je sais confectionner des selles. C'est ma seule capacité. » Alors, il a confectionné des selles et les a échangées pour des lopins de terre qui étaient très bon marché à l'époque. Il y avait beaucoup de terrain. C'était au Texas : c'était grand, et il a fini par avoir plus de 30.000 hectares.

Pour créer une fortune, il faut avoir la capacité de voir ce qui est possible, et se dire : « OK, je vais faire ça. » Cet homme a appliqué sa capacité à créer une fortune. Il était prêt à être une fortune.

Être une fortune, c'est reconnaître que tout ce qui se présente dans ta vie peut-être utilisé pour créer quelque chose de plus grand. Alors, il a fabriqué des selles et les a échangées contre des terres. Ensuite, il a échangé les selles pour du bétail. Puis, il a acheté plus de bétail et a continué à créer une fortune. Il a créé un espace de possibilités que d'autres ne pouvaient pas voir.

Beaucoup d'Irlandais sont venus aux États-Unis à cette époque pour trouver la fortune et la gloire et beaucoup d'entre eux ont y sont parvenus. Si tu ne recherches pas la fortune et la gloire, tu ne les trouveras pas.

Es-tu prêt à être une personne fortunée ? Ou es-tu seulement prêt à être une personne qui doit travailler dur pour son argent ?

> Qu'as-tu rendu de si vital, précieux et réel à devoir travailler dur pour ton argent qui te maintient dans l'infortune plutôt que la fortune ? Tout ceci, fois un dieulliard, vas-tu le détruire et le décréer totalement ? Right and Wrong, Good and Bad, POD and POC, All 9, Shorts, Boys and Beyonds.

De nos jours, nous avons le point de vue que les gens fortunés sont juste chanceux. Nous pensons qu'un coup de chance extraordinaire s'est chargé d'eux, mais en réalité, la plupart des gens qui sont prêts à avoir une fortune vont être et faire quelque chose de plus grand que ce que les autres sont prêts à être et faire.

Que pourrais-tu faire si tu avais une fortune ?

Désires-tu la fortune ? Et si tu avais une fortune, qu'en ferais-tu ? Actuellement, ici au Texas, la cagnotte du loto vaut 450 millions de dollars. J'ai bien dit quatre cent cinquante millions de dollars ! Qu'est ce que je pourrais faire avec ça ? »

La plupart des gens ont le point de vue que gagner au loto, c'est ne plus devoir travailler et ne plus devoir faire çi ou ça. Ils ne regardent que ce qu'ils ne devraient plus faire et ne regardent pas à ce qu'ils *pourraient* faire s'ils avaient une fortune.

> Si tu avais une fortune, que pourrais-tu faire que tu ne fais pas actuellement ?
> Tout ceci, fois un dieulliard, vas-tu le détruire et le décréer totalement ?
> Right and Wrong, Good and Bad, POD and POC, All 9, Shorts, Boys and Beyonds.

Les gens qui créent des fortunes regardent du point de vue de « Qu'est-ce que je peux créer avec ça ? » Il n'y a pas de limitation à ce qu'ils sont prêts à faire. Quand tu as une fortune, tu dois être prêt à être tout ce qui est requis pour créer une fortune, comme ce sellier qui allait être le meilleur sellier qu'il pouvait. Je voudrais trouver l'une de ses selles. Ce serait amusant de pouvoir simplement sentir l'énergie de cet homme !

N'attends jamais, crée toujours

Je discutais avec une femme qui était « en attente » que sa fortune arrive. Elle disait : « Ces deux dernières années, j'ai travaillé à un projet avec le gouvernement qui va créer une fortune pour moi. Il y a quatre mois, les papiers ont été signés ; pourtant, je ne recevrai d'argent que quand une annonce formelle aura été faite et cette annonce n'arrive pas.

Je lui ai répondu : « Tu dois les appeler et dire, 'Je vous remercie d'avoir fait cela, mais vous ne payez pas et vous ne faites pas l'annonce. Je vais passer à d'autres choses, mais vous honorerez votre contrat.' »

Elle a dit : « J'ai appelé quelques personnes et ils disaient tout le temps : 'Vous devez attendre cette annonce.' Cette annonce vaut une fortune pour moi. »

Je lui ai demandé : « Pourquoi mets-tu ta vie en attente au lieu d'aller créer ? » N'attends jamais, crée toujours. Je n'attends jamais que quelqu'un ou quelque chose porte ses fruits. Je vais créer et les choses portent leurs fruits. Commence ton nouveau projet s'il le faut. Que peux-tu trouver d'autre pour créer de l'argent ? Attendre que quelqu'un fasse une annonce ?

Allez, ils vont la faire, mais si tu restes là et que tu attends pendant deux ans, tu vas mourir de faim avant de gagner quelqu'argent. »

Elle n'a pas compris. Elle continuait à dire : « Mais cela vaut une fortune pour moi... »

Je lui ai dit : « Tu dis : 'Ce projet est la source de ma fortune.' Non. Ce *projet* n'est pas la *source* de ta fortune. C'est *toi* qui es la source de ta fortune ! »

N'attends jamais. Continue toujours de créer. Tu ne peux pas compter sur une seule chose pour t'amener la fortune. La fortune ne vient jamais d'une source unique. Elle vient de l'univers et de ta volonté de la créer. Ne mets pas tous tes œufs dans le même panier. Ne suppose pas que la fortune ne puisse venir que d'un seul endroit. La fortune vient de ce que tu es personnellement capable de créer. Si tu es capable de créer une source de fortune, combien de sources de fortune évites-tu ?

> Combien de sources de fortune évites-tu pour créer la réalité financière limitée que tu as actuellement ? Tout ceci, fois un dieulliard, vas-tu le détruire et le décréer totalement ? Right and Wrong, Good and Bad, POD and POC, All 9, Shorts, Boys and Beyonds.

En tant qu'humanoïde, tu as la capacité de voir la fortune. Tu as la capacité de l'entendre frapper doucement à la porte, mais tu t'es rendu sourd.

> Tout ce que tu as fait pour ne pas entendre la fortune frapper légèrement à la porte, vas-tu le détruire et le décréer totalement ? Right and Wrong, Good and Bad, POD and POC, All 9, Shorts, Boys and Beyonds.

Choisir le défi ou le plus facile

J'ai souvent parlé des antiquités qui viennent à moi. Je reçois des occasions d'acheter des antiquités. Je les regarde et je dis oui, non, oui. C'est une opportunité pour moi de gagner de l'argent.

Quand je parle de cela aux gens, ils me disent : « Oui, mais… » Pourquoi y a-t-il un *mais* sur ton *oui* ? Si tu n'es pas prêt à avoir toutes les portes ouvertes et à choisir chaque possibilité disponible, tu crées un endroit où tu ne peux pas avoir plutôt qu'un endroit où tu peux avoir.

> Tout ceci, fois un dieulliard, vas-tu le détruire et le décréer totalement ? Right and Wrong, Good and Bad, POD and POC, All 9, Shorts, Boys and Beyonds.

Je discutais avec quelqu'un qui me disait : « Il y a eu un moment dans ma vie où les choses arrivaient assez aisément et j'ai choisi le défi. J'ai choisi du travail qui présentait des défis et un mari qui présentait des défis et j'ai divorcé depuis. C'était tout le temps défi, défi, défi. C'est facile pour moi de voir l'erreur dans ces choix. Que puis-je faire pour exploiter ma capacité à créer le défi pour créer la richesse ? »

Je lui ai répondu : « Il me semble évident que tu préfères avoir un défi plutôt qu'une fortune. Qu'est-ce qui est le plus facile à obtenir ? Un défi ou une fortune ?

Tu penses que les défis sont ce qui rend ton travail plus dur. Mais ça, c'est juste travailler dur pour ton argent. Ce n'est pas avoir une fortune. La chose la plus facile pour le sellier, c'était de confectionner des selles. Il faisait ça les doigts dans le nez.

> Qu'as-tu rendu de si vital, précieux et réel à devoir travailler dur pour ton argent qui te maintient dans l'infortune plutôt que la fortune ? Tout ceci, fois un dieulliard, vas-tu le détruire et le décréer totalement ? Right and Wrong, Good and Bad, POD and POC, All 9, Shorts, Boys and Beyonds.

> Quelle énergie, espace et conscience peux-tu être qui te permettrait de choisir le moyen le plus facile de créer la fortune pour toute l'éternité ? » Right and Wrong, Good and Bad, POD and POC, All 9, Shorts, Boys and Beyonds.

Est-ce que c'était facile d'obtenir ce que tu pensais être une fortune quand tu étais enfant ? Si tu avais cent dollars quand tu étais enfant, tu pensais que tu avais une fortune – et pour un enfant, cent dollars c'est vraiment une fortune.

> Qu'est-ce que tu fais les doigts dans le nez que tu n'utilises pas pour créer une fortune ? Tout ceci, fois un dieulliard, vas-tu le détruire et le décréer totalement ? Right and Wrong, Good and Bad, POD and POC, All 9, Shorts, Boys and Beyonds.

Une amie m'a dit : « J'adore faire des cookies et je fais de bons cookies. Mais avec mon bagage de tant d'années de travail en liaison avec la santé mentale et la dépression, je juge le fait de faire des cookies comme moindre que mon travail en santé mentale. »

Je lui ai dit : « Dieu sait qu'un cookie ne changera jamais l'univers de personne, ou bien si ? J'ai connu une femme adorable il y a des années quand je travaillais dans l'immobilier à Santa Barbara. Elle s'appelait Debbie. Elle préparait toutes sortes de cookies et de friandises pour ses maisons ouvertes. Ses desserts étaient si bons que d'autres agents immobiliers lui demandaient parfois : « Est-ce que tu pourrais préparer des cookies pour ma maison ouverte ? Je te paierais volontiers pour ça. Au bout de six mois, elle ne travaillait plus dans l'immobilier et elle avait créé sa propre affaire, Debbie's Delights (Les délices de Debbie). Aujourd'hui, cette affaire est devenue une boulangerie en gros avec un revenu annuel de 50 millions de dollars.

Le jugement qui rend les cookies moindres qu'autre chose est une façon d'éviter de faire fortune.

J'ai demandé à cette femme qui voulait faire des cookies : « N'es-tu pas prête à manger les douceurs de la vie ? »

Elle m'a répondu : « Je me sentirais coupable que les choses soient si faciles. »

Je lui ai dit : « Je te suggère de laisser tomber cette phrase de pauvreté qui te permet de prouver à quel point tu es géniale pour survivre à la pauvreté ! Je te mets au défi. »

> Je te mets au défi de vivre avec une fortune, de dépasser le défi d'avoir une fortune. Tout ce que ceci fait remonter pour toi, fois un dieulliard, vas-tu le détruire et le décréer totalement ? Right and Wrong, Good and Bad, POD and POC, All 9, Shorts, Boys and Beyonds.

La fortune te trouve – si tu es prêt à l'avoir

Quelqu'un m'a demandé : « Quelle est la différence entre trouver une fortune et créer une fortune ? »

J'ai répondu : « On ne *trouve* pas de fortune. On crée une fortune. La fortune te trouve – si tu es prêt à l'avoir. Je suis prêt à avoir une fortune, mais certaines personnes pensent qu'elles ont besoin d'une excuse pour en avoir une. Si tu es prêt à avoir une fortune, les choses commencent à te trouver. Un exemple de cela, ce sont toutes les antiquités que j'ai achetées pour peu ou pas d'argent et qui se sont avérées valoir des sommes énormes. Je connais un type à qui les biens immobiliers viennent à lui comme les antiquités viennent à moi. Tu as la conscience et les informations sur les antiquités ou l'immobilier, ou quoi que ce soit, et ces choses te trouvent.

Je m'éduque aux antiquités et je leur demande : « Vaux-tu plus que je ne paie pour toi ? » Quand j'ai commencé, je n'avais aucune information à leur sujet. Je voyais juste quelque chose qui était beau. Tu dois regarder les choses d'une perspective différente de tout le monde. J'ai récemment vu une collection de pièces chinoises à vendre à Santa Barbara. Elles étaient magnifiques. Je les adorais. Je leur ai demandé : « Valez-vous plus que je ne paie pour vous ? » Elles m'ont répondu « Oui ». Alors, je les ai achetées. Il s'est avéré qu'une seule de ces pièces valait plus que ce que j'avais payé pour tout l'ensemble. Est-ce que je savais ça d'avance ?

Non. Est-ce que je l'ai découvert ? Oui. Je suis prêt à aller vers les gens qui en savent plus que moi pour découvrir ce qu'ils savent.

J'ai aussi travaillé dans l'immobilier. Alors, j'en sais un peu aussi sur ce domaine. J'ai vu toutes les façons dont les gens gagnent de l'argent avec l'immobilier. J'ai fait de l'argent dans l'immobilier pour d'autres personnes. J'ai créé des fortunes pour les autres, mais je n'ai pas créé de fortune pour moi-même. Pourquoi ? À cette époque, je n'étais pas prêt à être le type qui a une fortune. Tu dois être prêt à demander la fortune, tu dois être prêt à avoir la fortune, et tu dois être prêt à te persuader par la ruse à avoir la fortune en le justifiant par toutes les bonnes raisons d'en avoir une.

La fortune, c'est ce que tout le monde dit vouloir tout en la décriant. C'est quelque chose que les gens veulent ; c'est quelque chose qui leur manque, mais ils ne sont pas prêts à faire tout ce qu'il faut pour y arriver. Si tu dois fabriquer cent selles pour y arriver, vas-tu le faire ?

PREMIÈRE QUESTION : *Qu'est-ce que je peux me persuader à faire par la ruse aujourd'hui qui m'apportera la fortune maintenant ?*

_____

_____

_____

_____

_____

Stimuler la pointe concurrentielle de ta réalité

Une femme m'interrogeait à propos de son partenaire. Elle disait qu'il créait une fortune, mais il n'était pas prêt à le reconnaître et à savoir sa valeur.

Je lui ai donné cette question : « Que puis-je faire pour stimuler sa pointe concurrentielle chaque jour ? »

Elle a répondu : « Je pense que je fais ça sans poser cette question, et d'une certaine façon, ce n'est pas gentil à son égard. Cela ne fait que l'énerver. »

Je lui ai dit : « Certaines personnes ont besoin d'être énervées pour créer plus, et tu dois être prête à faire ça. »

QUESTION DEUX : *Que puis-je faire aujourd'hui pour stimuler la pointe concurrentielle de ma propre réalité maintenant ?*

_____

_____

_____

_____

_____

Tu ne stimules pas ton business ; tu te stimules *toi*. Tu es la seule personne que tu puisses battre. Je ne peux battre personne d'autre ; je ne peux battre que moi-même, parce que je suis le seul à avoir les outils que j'ai. Je suis le seul à avoir tout ce que j'ai. Je suis le seul à savoir où je ne suis pas totalement sûr de moi.

Te contentes-tu toujours de moins que la perception des autres de la richesse, de la fortune ou de l'argent ? C'est parce que tu détestes la compétition. Tu ne te permets pas d'avoir le meilleur parce que tu essaies d'éviter la compétition. Tu crées ce que tu détestes. Si tu détestes la compétition, tu vas la créer et c'est ça le tueur qui t'empêche de recevoir l'abondance de ce que tu as.

J'aurai le meilleur et j'exige que les gens s'améliorent avec ce qu'ils choisissent. J'adore quand les gens viennent chez moi et disent : « Tu m'as inspiré à créer plus dans ma vie. »

Quand tu choisis le meilleur, quand tu choisis d'être au top, quand tu choisis d'avoir tout ce que tu désires dans la vie, tu inspires les autres à croire qu'ils peuvent avoir ce que tu as. Mais tu dois réaliser qu'ils voudront être en compétition avec toi pour avoir ce que tu as.

QUESTION TROIS : *Si j'étais totalement confiant et capable de créer une fortune, qu'est-ce que je choisirais aujourd'hui ?*

_____

_____

_____

_____

_____

Recevoir les résultats de la création

Nous choisissons des choses comme la lutte plutôt que la confiance. Qu'est-ce que la confiance ? C'est : « Oui, je peux faire ça. » Tu choisis la lutte encore et encore parce que tu penses que tu n'as pas confiance. Si tu avais confiance, tu n'aurais pas de lutte, à moins bien sûr que tu n'aimes ça. Qu'est-ce que tu préfères ? La confiance ou la lutte ?

Un jour, du temps où je luttais en tant qu'agent immobilier et que je faisais des fortunes pour les autres plutôt que pour moi, j'ai étudié attentivement ma situation. J'ai été brutalement honnête avec moi-même. Tu dois être brutalement honnête avec toi-même. J'ai dit : « C'est insensé. Je viens de réaliser 400.000 dollars pour un client en concluant une affaire pour lui, et moi, je me suis fait 10.000 dollars.

Comment cela se fait ? Parce qu'il a l'argent pour conclure l'affaire, il peut faire 400.000 dollars et parce que j'ai la capacité, je fais 10.000 dollars. C'est débile. Comment est-ce que je peux changer ça ? Qu'est-ce que je peux être et faire de différent qui changerait ceci pour que ce soit moi qui gagne 400.000 dollars ? »

Être brutalement honnête, c'est savoir ce qui fonctionne. C'est voir ce qui est, et pas ce que tu voudrais que ce soit. La plupart d'entre vous n'êtes pas prêts à voir votre situation en étant brutalement honnêtes. Vous vous dites : « Et bien, je ne peux pas faire ça parce que je n'ai pas confiance en moi », ou quelque chose de ce genre.

Regarde ta vie. Je te garantis qu'il y a un endroit où tu as fait gagner des tonnes d'argent à quelqu'un grâce à ce que tu sais ou ce que tu as fait, ou par ta façon d'être. Est-ce que ça veut dire qu'ils sont la source ? Ou bien c'est toi qui es la source ?

Tu dois être prêt à être la source. Tu dois être prêt à être la source de création et tu dois être prêt à être le bénéficiaire des résultats de la création. Es-tu prêt à recevoir la fortune qui va avec le fait d'être la source.

> Partout où tu as décidé que tu ne pouvais pas être le bénéficiaire des résultats de la création, vas-tu détruire et décréer tout cela ? Right and Wrong, Good and Bad, POD and POC, All 9, Shorts, Boys and Beyonds.

La plupart des gens ne sont pas prêts à être la source et à recevoir les résultats de ce qu'ils créent, mais ils vont entrer en compétition avec eux-mêmes ou les uns avec les autres pour créer quelque chose. Et *ça*, ils veulent bien le recevoir.

D'autres gens refusent d'entrer en compétition. Ils se désintéressent des choses quand ils doivent être en compétition. Un type m'a demandé : « Pourquoi est-ce que je me motiverais à la compétition ? »

Je lui ai répondu : « Parce que tu crées ce que tu détestes. C'est un endroit où tu ne peux pas recevoir, où tu ne peux pas être, et où tu ne peux pas accomplir. »

C'est aussi un élément d'être brutalement honnête. Si tu penses : « Je déteste ça » et que tu es honnête, tu va reconnaître : « Oh. Je déteste ça. » Tu vas demander alors : « Comment est-ce que ceci peut marcher à mon avantage ? »

Ce que tu détestes est aussi une source de création

Quand j'étais enfant, dans les années 50, ma mère avait des verres en aluminium coloré. Elle pensait qu'ils étaient super parce qu'ils étaient incassables. Je les trouvais laids. Je les détestais.

Récemment, j'ai vu ces verres vendus à dix dollars pièce et je me suis demandé : « Pourquoi quelqu'un paierait dix dollars pour ces horribles choses ? » Mais si je suis sur une brocante et que j'en voix six pour vingt-cinq cents pièce, je les achèterais tous les six pour les revendre à quelqu'un d'autre à dix dollars pièce. Je vais gagner de l'argent sur ces verres. Ils peuvent me faire gagner de l'argent parce que des gens les trouvent beaux, cool ou rétro. Ce que tu détestes est aussi une source de création.

Créer avec quelqu'un

Parfois, les gens nous demandent comment Dain et moi travaillons ensemble et comment nous sommes parvenus à créer Access tellement plus grand. Ensemble, nous créons plus que l'un et l'autre séparément.

Si tu veux créer avec quelqu'un, choisis de créer avec cette personne à partir du point de vue de a) Comment puis-je l'outrecréer ? et b) Sommes-nous plus ensemble que séparément ? Tu dois être prêt à outrecréer cette personne et elle doit être prête à t'outrecréer aussi, ce qui est sa pointe compétitive, pour que vous puissiez tous les deux faire des bonds de géant tout le temps.

Quatre-vingt-dix-neuf pour cent des gens dans le monde ne désirent pas créer avec d'autres gens. Tu pourrais penser que quelqu'un veut créer avec toi et tu pourrais supposer qu'ils créent avec toi. Mais est-ce le cas ? Tu ne demandes pas : « Qu'est-ce que cette personne veut réellement créer ? » et « Est-ce que c'est la même chose que je veux créer ? » Tu dois regarder ce que les gens sont réellement prêts à créer. N'essaie pas de créer à partir de ce que tu penses qu'ils veulent. Tu dois voir ce qu'ils désirent vraiment créer à partir de là.

Ne suppose pas qu'ils veulent créer à partir du Royaume de Nous[3] parce que c'est ce qu'ils disent qu'ils veulent. Ne crois jamais ce que quelqu'un te dit. Je remets en question tout ce que les gens disent, parce que quatre-vingt-dix-neuf pour cent des gens se mentent à eux-mêmes chaque jour et ils mentent à tout le monde quatre-vingt pour cent du temps toute la journée, tous les jours. Il y a douze pour cent de chance que la vérité sorte de la bouche des gens. Si quelqu'un parle, il y a des chances qu'il mente.

La seule façon de savoir si quelqu'un ment ou s'il dit la vérité, c'est de regarder ce qu'il produit. Ce que les gens font détermine la différence entre ce qu'ils disent et ce qu'ils créent. Fais toujours attention à ce que les gens font, jamais à ce qu'ils disent.

Nous pourrions tous utiliser une honnêteté brutale parce qu'il y a des choses que nous ne voyons pas.

---

3   Quand tu choisis à partir du Royaume de Nous, il ne s'agit pas de choisir pour toi et contre l'autre. Ni de choisir pour toi en excluant l'autre. Tu choisis pour toi et tout le monde ; tu choisis ce qui va expanser toutes les possibilités, y compris les tiennes. Quand tu fais cela, les gens autour de toi réalisent que leur choix va s'expanser à travers ton choix, et ils vont contribuer à ton choix et ne pas y résister.

QUESTION QUATRE : *Où ne suis-je pas brutalement honnête avec moi-même et où est-ce que je me mens, me privant ainsi d'une fortune, aujourd'hui ?*

_____

_____

_____

_____

_____

QUESTION CINQ : *Qu'est-ce que je devrais être et faire différemment pour pouvoir recevoir autant ou plus que quelqu'un d'autre par ce que je crée ?*

_____

_____

_____

_____

_____

Aimerais-tu créer une fortune ? Réponds à toutes les questions de ce chapitre et dans une semaine ou deux, reviens-y et réponds-y à nouveau. Tu commenceras alors à prendre conscience de ce qui est vrai pour toi.

QUESTIONS DU CHAPITRE SIX

PREMIÈRE QUESTION : *Qu'est-ce que je peux me persuader à faire par la ruse aujourd'hui qui m'apportera la fortune maintenant ?*

_____

_____

_____

_____

_____

QUESTION DEUX : *Que puis-je faire aujourd'hui pour stimuler la pointe concurrentielle de ma propre réalité maintenant ?*

_____

_____

_____

_____

_____

QUESTION TROIS : *Si j'étais totalement confiant et capable de créer une fortune, qu'est-ce que je choisirais aujourd'hui ?*

_____

_____

_____

_____

_____

QUESTION QUATRE : *Où ne suis-je pas brutalement honnête avec moi-même et où est-ce que je me mens, me privant ainsi d'une fortune, aujourd'hui ?*

QUESTION CINQ : *Qu'est-ce que je devrais être ou faire différemment pour pouvoir recevoir autant ou plus que quelqu'un d'autre par ce que je crée ?*

L'ENTHOUSIASME DE VIVRE

Dain et moi avons eu récemment une discussion intéressante avec le conseiller financier que nous avons engagé pour travailler avec nous. Il est très sain au sujet de l'argent. Il dit : « J'ai la conscience de ce que tu dois faire par rapport à tes impôts. Je comprends ça. Mais, je ne peux pas parler à la conscience de ce qui va se passer par rapport à ta création future de revenus. Alors, on a commencé à parler de ça avec lui.

Il disait : « Très peu de gens sont enthousiastes à l'idée de leurs futures possibilités de revenus. L'enthousiasme que tu as par rapport à l'argent que tu peux créer est au-delà de ce que j'ai jamais vu. »

Pour nous, il s'agit toujours de plus grandes possibilités. Dain et moi demandons toujours : « Quoi d'autre ? Quoi d'autre ? » Tu dois rechercher de plus grandes possibilités, toujours. Tu dois demander : « Quel enthousiasme est-ce que je dois être dans ma vie pour créer la réalité monétaire future que j'aimerais avoir ? »

La Joie de la création, la Joie du choix et la Joie de la possibilité.

Quand tu es enthousiaste, tu recherches ce qui va fonctionner plutôt que ce qui va t'arrêter. La plupart des gens ne font pas cela. Ils ont tendance à rechercher une solution à leur problème. Ils demandent : « Qu'est-ce qui va résoudre ceci ? » Ils pensent que s'ils peuvent se « déstopper », ils pourront créer, mais ils manquent d'enthousiasme pour la joie de la création, la joie du choix et la joie de la possibilité. Ce sont là les éléments qui créent l'enthousiasme dans la vie : la joie, le choix, la possibilité.

La question « Quoi d'autre ? » est la forme, la structure et la signification qui crée la possibilité. « Quoi d'autre ? » envisage une réalité plus grande et plus enthousiaste que « Qu'est-ce qui va résoudre ce problème ? » Ces trois éléments, la joie, le choix et la possibilité créent ce qui va te donner l'enthousiasme, qui est une qualité innée nécessaire pour inviter l'argent à ta fête.

PREMIÈRE QUESTION : *Quel enthousiasme puis-je être pour créer une réalité totalement différente pour moi ?*

_____

_____

_____

_____

_____

L'enthousiasme n'est pas l'excitation

L'enthousiasme et l'excitation sont deux choses différentes. L'enthousiasme, c'est prendre plaisir au moment et ne pas projeter ou attendre quoi que ce soit. L'enthousiasme, ce ne sont pas les projections et les attentes de comment les choses *sont supposées* tourner, comment elles *vont* tourner ou comment elles *devraient* tourner. L'enthousiasme crée toutes les formes de mouvement vers l'avant. C'est : « Je me demande à quoi ça va ressembler ! » L'enthousiasme ne nécessite pas que tu accomplisses quoi que ce soit. C'est une explosion continue et l'expérience de la possibilité. Comme dit Dain, « C'est une boule de lumière qui vient de l'intérieur et qui s'infuse dans ta vie. » C'est une caractéristique humanoïde.

> Combien d'énergie as-tu dépensée pour réprimer ta capacité innée à l'enthousiasme humanoïde ? Tout ceci, fois un dieulliard, vas-tu le détruire et le décréer totalement ? Right and Wrong, Good and Bad, POD and POC, All 9, Shorts, Boys and Beyonds.

L'enthousiasme, c'est être dans une position d'inspiration. Beaucoup de gens vont dans l'excitation plutôt que l'enthousiasme. Ils disent : « Je suis si excité ! » L'excitation, c'est être *hors de* et pas *dans*. Elle naît dans les projections et les attentes. Tu projettes et attends ce que quelque chose va créer plutôt que de voir ce qui est vraiment possible. Toute projection ou attente, tout « Oh, ça va être tellement bien ! » est une garantie que les choses vont être vraiment moches.

L'excitation, c'est la projection et l'attente que tu penses avoir demandées. Qu'est-ce que l'excitation fait ? Elle transforme une possibilité en opportunité, et ce n'est pas ce que tu devrais avoir. L'opportunité apparaît juste avant que la possibilité ouvre la porte – et elle t'empêche d'aller de l'avant. Tu peux être aveuglé par trop d'excitation par rapport à tes projections et attentes de ce qui est possible, parce que toute projection crée un angle mort.

Quoi d'autre est possible ?

Je suis en train de chercher une possibilité pour acheter un ranch ici au Texas parce que j'ai tellement de chevaux en Californie et cela me coûte des tonnes d'argent de les garder là-bas. Dain et moi sommes allés voir des propriétés. J'ai dit : « On peut acheter un peu de terrain nu et y mettre quelque chose. » Alors, on est partis voir des terrains nus et j'ai dit : « Waouh, ces gens vendent des terres nues et laides. Ils vendent les terres où ils ne veulent pas vivre. Ils ont décidé qu'elles n'avaient pas de valeur. »

Ils sont comme les gens qui ont des chevaux et fonctionnent à partir de ce qu'on appelle la sélection, c'est-à-dire se débarrasser de ceux qu'ils considèrent comme des rebuts. Tu choisis sur la base du rejet. Ce n'est pas ainsi que tu peux créer des possibilités. As-tu déjà fait le rejet comme source de création ?

> Partout où tu as fait le rejet comme source de création, vas-tu le détruire et le décréer totalement ? Right and Wrong, Good and Bad, POD and POC, All 9, Shorts, Boys and Beyonds.

Et quand Dain et moi allions voir diverses propriétés, nous demandions : « Quoi d'autre est possible ici ? » Tu peux prendre quelque chose et tu peux le transformer en tout ce que tu décides de le transformer. Tu dois être prêt à voir ce qui est disponible pour toi à chaque instant. C'est cela qui crée un sentiment d'enthousiasme.

Nous avons vu une propriété et nous avons fait une offre. J'ai dit : « Oh ! Nous devons tellement d'impôts. Comment est-ce que je peux faire ça ? » Et puis, j'ai parlé à quelqu'un qui m'a dit : « En déplaçant tes chevaux au Texas, tu pourrais gagner 6 à 8 milles dollars par mois. Cela réduirait tes dépenses, ce qui augmenterait tes rentrées et ta valeur nette. Pourquoi ne pas le faire ? »

J'ai dit : « Oh ! Je me préoccupe des taxes. Je dois étudier cette possibilité. Est-ce que le fisc confisquerait le ranch ? Non, ils ne font pas ça. Est-ce qu'ils vont être énervés contre moi ? Et alors ? »

Qui sait ce qui va être créé sur la base de ce que tu choisis ? Tu dois voir que chaque choix va créer quelque chose. C'est : « Qu'est-ce qui va se passer en résultante de ce choix ? »

et pas « C'est ce que je dois faire parce que... » Chaque fois que tu fais « parce que », tu refuses de voir la possibilité. Tu es coincé dans l'opportunité.

La plupart d'entre vous n'êtes pas enthousiastes à propos de ce que vous allez créer. Vous dites : « Oh mon Dieu, je me demande si ça va fonctionner. Oh mon Dieu, est-ce que ça va fonctionner ? » Tu as plus de « Oh mon Dieu » que de « Waouh, c'est tellement cool. Quoi d'autre est possible ? »

La clé pour être enthousiaste, c'est de ne pas être dans le besoin. Quand tu n'es pas dans le besoin, tu peux être enthousiaste pour tout ce qui se présente dans ta vie qui peut créer plus. Si tu es dans le besoin, tu cherches toujours l'argent comme une solution plutôt qu'une possibilité.

Quand tu n'es pas dans le besoin, tu as le choix. Quand tu es dans le besoin, tu dois choisir en fonction de la propension à quelque chose à satisfaire ce besoin. Ne pas être dans le besoin est beaucoup plus amusant parce que tu as le choix.

Être la question génère l'enthousiasme et la possibilité

Être la question fait partie de ce qui génère l'enthousiasme et parce que les questions ouvrent la porte à tout, tu commences à savoir ce qui est possible par le choix que tu fais. Si tu as le sens de la question, alors, chaque fois que tu fais un choix, tu vois ce qui va être créé. Mais si tu penses que tu dois faire les choses comme il faut, tu fais le choix de voir si tu fais les choses comme il faut ou pas comme il faut. Il ne s'agit jamais de la joie de la création, il ne s'agit jamais de l'enthousiasme et de tout ce que tu peux choisir.

Avoir quelque chose que tu t'attends à avoir ou n'avoir qu'un seul résultat, celui que tu recherches, c'est un piège mortel. Tu tues les choses qui créent la vie, l'enthousiasme et la joie de la création, de la possibilité et du choix.

> Tout ce que tu as décidé qui te permet de te débarrasser de la joie du choix, de la joie de l'enthousiasme, de la joie de vivre, de la joie de la possibilité, de tout ce que tu as fait pour choisir quelque chose qui te débarrasserait de ça, est-ce que tu veux bien révoquer, rétracter, revendiquer, dénoncer, renoncer, détruire et décréer tout ce que tu as décidé que tu devais avoir pour pouvoir avoir cela comme ta réalité ? Right and Wrong, Good and Bad, POD and POC, All 9, Shorts, Boys and Beyonds.

QUESTION DEUX : *Où ai-je gobé que ma vie devait être misérable plutôt qu'enthousiaste ?*

_____

_____

_____

_____

_____

S'engager à

Je discutais avec un gars qui disait qu'il était coincé à ne pas s'engager envers lui-même. Il disait : « Je suis très doué pour créer des distractions dans ma vie. Quand je m'installe pour faire quelque chose, je crée une distraction ou une excuse pour ne pas devoir le faire. Je commence à faire des choses, mais je ne vais pas jusqu'au bout. »

Je lui ai dit : « En fait, tu es très engagé. Tu es engagé à créer des excuses et à ne jamais rien terminer. »

Il m'a répondu : « Je voudrais changer ça. »

Je lui ai dit : « Tu ne peux pas. »

Il a demandé : « Je ne peux pas ? »

Je lui ai dit : « Tu ne le feras pas. »

Il m'a répondu : « J'aimerais bien. »

J'ai dit : « C'est mignon. Mais tu ne le feras pas. »

Il m'a répondu : « Si. »

Je lui ai dit : « Ah vraiment ? Es-tu sûr ? »

Il m'a répondu : « Oui. »

Je lui ai demandé : « En jurant sur une pile de Bibles ? En jurant sur les enseignements de Bouddha ? »

Il a ri un peu penaudement et il a dit : « Je ne pourrais pas dire oui. »

« Quoi qu'il en coûte »

Je lui ai dit : « Tu es plus engagé à l'échec qu'au succès. Tu es plus engagé à t'arrêter toi-même qu'à te faire démarrer. Si tu veux vraiment changer cela, tu dois exiger de toi-même, 'Quoiqu'il en coûte, qui que je perde, quoi qu'il arrive, je change ça maintenant. Ça suffit. Y'en a marre de ce truc débile.' »

« Chaque fois que tu t'installes pour faire quelque chose et que tu trouves une excuse, dis : 'Ça suffit. Je ne vais plus trouver d'excuses. Mes excuses sont parties. Je vais terminer ceci', et puis force-toi à le faire.

Si tu veux que ça fonctionne, tu dois choisir de te pousser à le faire. C'est un choix que tu dois faire. La seule personne dans le monde qui te fait faire ce que tu ne veux pas faire, c'est *toi*. Tu désires *ne pas* le faire beaucoup plus que tu désires le *faire*. N'est-ce pas malin ? Tu dis ; 'Je vais changer ça' et puis tu le changes nom de Dieu !

Tu es prêt à t'engager à pratiquement n'importe quoi d'autre sauf à toi-même. Tu n'es pas coincé du tout. Tu te colles toi-même. Tu refuses tout simplement de faire quoi que ce soit. Tu es un refuznik. »

Les refuzniks étaient, en ex-Union soviétique, ceux à qui on refusait le permis d'émigrer, en particulier les Juifs qui ne pouvaient pas se rendre en Israël. C'est aussi une personne qui refuse de suivre des ordres ou obéir à la loi, en particulier en forme de protestation. C'est une personne qui n'est pas à l'aise avec le système ou qui ne veut pas respecter la loi à cause d'une conviction morale.

> Que refuses-tu d'être que tu pourrais être, que si tu l'étais, cela changerait toute ta réalité financière. Tout ceci, fois un dieulliard, vas-tu le détruire et le décréer totalement ? Right and Wrong, Good and Bad, POD and POC, All 9, Shorts, Boys and Beyonds.

S'il te plaît, regarde ceci. Il n'y a qu'une seule personne qui puisse te coller. C'est toi ! Personne d'autre ne peut te coller. Tu es la seule personne qui ait ce genre de pouvoir. Pourquoi ce pouvoir est-il plus important pour toi que le pouvoir de la création, du recevoir et de l'enthousiasme ? C'est comme si tu étais coincé pour pouvoir ne pas t'enthousiasmer de ta vie. Tu n'es pas prêt à changer tout dans ta vie.

Qui ou quoi refuses-tu de perdre que si tu le perdais, cela te permettrait d'avoir trop de ce satané argent ? Tout ceci, fois un dieulliard, vas-tu le détruire et le décréer totalement ? Right and Wrong, Good and Bad, POD and POC, All 9, Shorts, Boys and Beyonds.

QUESTION TROIS : *Qu'ai-je fait pour faire de moi un refuznik aujourd'hui ?*

_____

_____

_____

_____

_____

Il y a une possibilité différente dans la vie

Tu dois vraiment comprendre qu'il y a une possibilité différente dans la vie. Il y a des années, quand je travaillais comme garnisseur, j'étais allé chez une dame. Elle voulait redécorer entièrement sa maison. Elle disait : « Je redécore ma maison. J'ai quatre-vingt-deux ans et je ne finirai peut-être jamais ces travaux, mais je veux prendre du bon temps en faisant ça. »

J'ai pensé : « Waouh ! » Je lui ai demandé : « Que faites-vous maintenant ? »

Elle m'a répondu : « Je me lève à cinq heures du matin et je passe une heure à lire. Puis, je sors et je travaille avec mon jardinier dans le jardin pendant deux heures et puis je rentre et je médite un peu, puis je ressors et je regarde tout. Je suis si reconnaissante pour ce que la nature m'a donné. Et puis, je m'habille et je vais chercher mes amies – elles sont trop vieilles pour conduire – et on déjeune ensemble. » Elle avait quatre-vingt-deux ans et c'est elle qui les conduisait. Son enthousiasme pour la vie et vivre était extraordinaire !

Quelqu'un m'a dit : « Je suis enthousiaste, mais je me sens comme si je gouttais comme un robinet cassé. Comment puis-je transformer ce débit en cascade d'enthousiasme ?

Je lui ai dit : « Continue à demander : 'Quelle énergie, espace et conscience est-ce que je peux être pour ajouter du débit à ma vie avec totale aisance ?' »

La plupart d'entre vous préférez souffrir la vie plus que d'en être enthousiaste. Tu dois t'engager à ta vie. L'enthousiasme, c'est quand tu es engagé envers ta propre vie. Tu le génères à partir de ce choix. Tu ne peux pas avoir une vie à laquelle tu ne t'engages pas et si tu n'as pas l'enthousiasme de vivre.

Un participant à la classe avancée Comment devenir l'argent me disait : « J'ai observé la façon dont tu utilises toujours les choses qui se passent dans ta vie – même les mauvaises choses – à ton avantage. J'ai eu besoin de te voir être ça avant de commencer à le faire moi aussi. C'est assez étonnant ce qui se présente quand tu ne juges pas tes choix et que tu leur permets d'être une contribution pour toi, même si sur le moment, quelque chose n'a pas très bien tourné. »

Je lui ai dit : « Et bien, qu'est-ce qui te fait penser que quelque chose n'a pas très bien tourné ? Peut-être que c'est mieux que tu ne le penses. Chaque fois que je pense que quelque chose ne marche pas, je suis surpris de voir ce qui marche. »

Tout est possible si tu ne vois pas les choses comme un problème. Dès que tu définis quelque chose comme un problème, tu retires la possibilité. Quand quelque chose de bizarre se passe, ou quand quelqu'un triche avec toi ou que tu te trompes et que tu découvres que tu as une tonne d'argent que tu ne savais pas que tu possédais, comment tu gères ça ? Tout est possible si tu ne vois pas les choses comme un problème. Dès que tu définis quelque chose comme un problème, tu retires la possibilité. Qu'est-ce que tu crées ? Une perte financière ? Une perte d'argent ? Une perte de vie ? Ou tout cela et plus encore ?

> Qu'as-tu rendu de si vital précieux et réel à propos de l'inévitabilité de la perte financière à travers la mort qui fait que tu continues à chercher les raisons et les justifications de créer la pauvreté ? Tout ceci, fois un dieulliard, vas-tu le détruire et le décréer totalement ? Right and Wrong, Good and Bad, POD and POC, All 9, Shorts, Boys and Beyonds.

Recherche l'infinie possibilité

Je vis au Texas, où les gens possèdent des puits de pétrole. À un moment donné, j'étais avec un groupe de personnes qui parlaient de leurs puits de pétrole, et je pensais : « Où est mon puits de pétrole, pour que je puisse avoir des millions de dollars ? » Puis j'ai dit : « Oh ! Si je veux un puits de pétrole, je dois au moins avoir des terres où l'on peut forer pour trouver du pétrole. Je n'ai pas ça. » C'était assez drôle. J'étais comme les gens qui demandent : « Où est tout mon argent ? Je veux gagner au loto. » Et bien, si tu veux gagner au loto, tu dois considérer la possibilité d'effectivement jouer au loto !

Si tu veux de l'argent, tu dois reconnaître : « Je suis doué pour créer pas assez. » Et puis, tu dois demander : « Comment ça serait si je créais trop ? Qu'est-ce qui est vraiment vrai ici ? Qu'est-ce que je veux vraiment ? Qu'est-ce que je crée vraiment ? Quel est l'élément qui, pour moi, va rendre tout plus grand ? »

Ce n'est pas : « Comment faire ça comme il faut ? » ou « Pourquoi n'ai-je pas plein d'argent ? » La question n'est pas ce que tu vois comme une solution. Si tu vois le loto comme ta solution à ne pas avoir assez d'argent, tu ne vas pas obtenir ce que tu veux. Pourquoi ? Parce que tu as décidé que c'était le seul moyen. Ce qui est vraiment bien quand on est enthousiaste, c'est qu'on a de multiples voies, et chacune crée un sentiment de légèreté différent et un ensemble de possibilités différent. Tu ne vois pas une seule voie comme la réponse.

La plupart des gens recherchent une réponse, et pas l'infinie possibilité. Commence à chercher l'infinie possibilité ! Plus tu es heureux, joyeux, créatif et enthousiaste face à ce qui se présente, plus la route vers le succès et l'argent que tu désires se montre.

J'ai des amis qui cherchaient une propriété en Australie. Ils ont fait une offre sur un bien et le propriétaire a accepté leur offre et puis a fait machine arrière. Ils se sont dit : « Oh non ! Qu'est-ce qu'on va faire ? »

Je leur ai dit : « Cherchez un autre bien. Hein ? Est-ce le seul bien immobilier sur la Terre ? »

Ils ont répondu : « Mais celui-là était tellement bien ! »

J'ai demandé : « Et si tu allais trouver quelque chose d'encore mieux ? Tu peux compter sur l'univers et il veut créer plus pour toi si tu as l'enthousiasme, si tu as la volonté et la capacité à créer et si tu es prêt à voir ce que tu peux encore ajouter à ta vie et comment créer plus. Tu dois commencer à regarder à partir de la *création de* et non la *solution au problème de*. »

Une dame m'a envoyé récemment dix questions pour demander comment se tirer d'un problème. Tout était lié à la limitation de ceci et la limitation de cela. Tout était lié au comment elle n'avait pas plutôt qu'au comment elle avait. La plupart des gens regardent comment sortir de leurs problèmes plutôt que comment créer au-delà. Est-ce que tu regardes ce que tu as ? Et es-tu reconnaissant pour cela ?

J'ai rempli ma maison d'antiquités pour pouvoir m'y balader en étant reconnaissant d'avoir autant de si belles choses dans ma vie. Chaque jour, je marche dans ma maison et je me dis : « Waouh ! Comment ai-je été aussi chanceux d'avoir tout ça ? De vivre ainsi ? D'avoir une vie dans laquelle je peux être et avoir et faire ? Je m'éveille le matin en me disant : « Je suis si reconnaissant. Quelle chance j'ai ? Comment ai-je été aussi chanceux d'avoir tout ça comme ma vie ? Qu'est-ce que j'ai fait ?

Je n'ai pas fait toutes les choses que les gens disent qui vont te donner le meilleur dans la vie. Longtemps, j'ai mené une vie « sexe, drogue et rock and roll », mais j'ai toujours eu l'enthousiasme de vivre. Tu dois avoir l'enthousiasme de vivre.

> Combien de ton enthousiasme de vivre réprimes-tu pour ne jamais devoir vivre la vie à partir de l'enthousiasme de vivre total ? Tout ceci, fois un dieulliard, vas-tu le détruire et le décréer totalement ? Right and Wrong, Good and Bad, POD and POC, All 9, Shorts, Boys and Beyonds.

Réponds encore une fois à ces questions, puis encore une fois. Et choisis de vivre à partir de la joie de la création, de la joie du choix et de la joie de la possibilité.

QUESTIONS DU CHAPITRE SEPT

PREMIÈRE QUESTION : *Quel enthousiasme puis-je être pour créer une réalité totalement différente pour moi ?*

_____

_____

_____

_____

_____

QUESTION DEUX : *Où ai-je gobé que ma vie devait être misérable plutôt qu'enthousiaste ?*

_____

_____

_____

_____

QUESTION TROIS : *Qu'ai-je fait pour faire de moi un refuznik aujourd'hui ?*

_____

_____

_____

_____

CHAPITRE HUIT

L'ARGENT, C'EST FACILE

Voici ta première question. Note tes réponses.

PREMIÈRE QUESTION : *Si j'avais tout ce que je désire dans la vie, qu'est-ce que je devrais être ?*

Qu'as-tu rendu de si vital, précieux et réel à propos de l'inévitabilité d'être que tu as dans le but d'obtenir ce que tu désires vraiment et que tu refuses d'être pour pouvoir ne pas obtenir ce que tu désires vraiment ? Vois-tu à quel point c'est idiot ? Comprends-tu que tu œuvres contre toi-même ? Pourquoi es-tu ton pire ennemi ? Tu luttes contre tout ce que tu dis désirer et tout ce que tu dis vouloir. Est-ce un bon choix ? Est-ce un mauvais choix ? De la stupidité incroyable ? Tout ceci, fois un dieulliard, vas-tu le détruire et le décréer totalement ? Right and Wrong, Good and Bad, POD and POC, All 9, Shorts, Boys and Beyonds.

QUESTION DEUX : *Où et quand ai-je décidé que j'étais le seul à être suffisamment malin pour m'empêcher d'obtenir tout ce que je désire vraiment ?*

Où et quand as-tu décidé que tu étais le seul à être suffisamment malin pour avoir tout ce que tu désires vraiment pour ne pas obtenir tout ce que tu désires vraiment ? Tout ceci, fois un dieulliard, vas-tu le détruire et le décréer totalement ? Right and Wrong, Good and Bad, POD and POC, All 9, Shorts, Boys and Beyonds.

Formuler une exigence

C'est ici que tu formules ton exigence : « Je n'ai aucune idée de ce que je fais, mais manifestement, je n'obtiens pas ce que je désire vraiment, alors peu importe ce qui est requis pour changer ça, je vais le changer. » Tu dois formuler ce genre d'exigence.

Tu dois aussi reconnaître que tu as créé des gens dans ta vie qui peuvent faire toutes sortes de choses et qui t'aideront dans ce que tu veux créer. Aujourd'hui, je parlais à une amie qui avait découvert que son père avait laissé retourner à l'état sauvage 950 bêtes parce qu'il n'était pas prêt à envoyer les cowboys faire leur travail. Elle me disait : « Je ne sais pas comment nous allons rassembler ces vaches. »

J'ai appelé un jeune gars que j'avais rencontré lors d'une classe Cheval conscient, cavalier conscient et je lui ai demandé s'il connaissait quelqu'un qui pourrait rassembler ces vaches.

Il rappelé cinq minutes plus tard pour dire qu'il avait des gens prêts pour cela. Quoi ? C'est comme ça que ça fonctionne. Quand tu es prêt à poser les questions : « Qu'est-ce qu'il faudrait pour créer ceci ? » et « Qu'est-ce qu'il faudrait pour créer une possibilité différente ? », l'univers fera tout son possible pour te soutenir, si tu ne refuses pas de l'être et de l'avoir.

Il y a des possibilités dans le monde que peu de gens sont capables de voir. Qui est capable de les voir ? Celui qui le choisit. Mais tu choisis de ne pas les voir. Pourquoi choisis-tu de ne pas les voir ? J'essaie de t'amener à choisir. Il y a tant de choses disponibles pour toi et tu agis comme si tu n'avais pas le choix.

Affluence ou effluence ?

Comprends-tu que tu ne choisis pas l'affluence ? Tu as peut-être mésidentifié et mésappliqué l'*effluence* et l'*affluence*. L'*effluence*, c'est quand tu as la diarrhée. L'*affluence*, c'est quand tu as trop d'argent. Une personne m'a dit qu'elle avait regardé la définition de ces mots dans un dictionnaire de 1828. Elle m'a dit, l'*effluence*, c'est un écoulement ou un épanchement. L'*affluence*, c'est une grande abondance de choses. C'est une abondance de richesses. J'aime cette idée que l'effluence est quelque chose qui s'échappe et l'affluence est quelque chose qui arrive.

> Comment ça serait si tu étais prêt à reconnaître que l'affluence est un état de recevoir que tu as refusé jusqu'à présent ? Tout ce qui ne te permet pas d'être cela, vas-tu le détruire et le décréer totalement ? Right and Wrong, Good and Bad, POD and POC, All 9, Shorts, Boys and Beyonds.

Tu as peut-être suffisamment changé pour savoir ce qui est vrai, et pourtant tu refuses encore de changer ta situation financière dans ta vie. Tu pourrais laisser tomber ça, mais tu ne vas probablement pas faire ça. Tu penses que la pauvreté est beaucoup plus amusante que l'affluence.

> Où et quand as-tu décidé que tu étais le seul à être suffisamment malin pour t'empêcher d'avoir tout ce que tu désires vraiment ? Tout ceci, fois un dieulliard, vas-tu le détruire et le décréer totalement ? Right and Wrong, Good and Bad, POD and POC, All 9, Shorts, Boys and Beyonds.

Qu'as-tu rendu de si vital précieux et réel à propos de la pauvreté qui t'empêche de choisir ce qui créerait l'affluence ? La plupart d'entre vous pensent que l'affluence est comme l'effluence, c'est comme péter. L'affluence, ce n'est pas péter. C'est créer de l'argent.

C'est la raison pour laquelle je te demande de rechercher les mots dans le dictionnaire. Quand tu cherches les mots, tu commences à voir ce qu'ils signifient réellement et tu peux choisir une réalité différente. Si tu ne les recherches pas et que tu n'en connais pas la signification, peux-tu avoir une vraie conscience de ce qui est disponible pour toi ? Non.

> Est-ce que tu peux comprendre que l'une des façons par lesquelles tu refuses l'affluence, l'abondance ou avoir trop d'argent, c'est en ne t'éduquant pas sur ce que tu dis et penses ? Tout ce que tu as fait pour ne pas avoir la conscience totale de ce que tu dis et penses, vas-tu le détruire et le décréer totalement ? Right and Wrong, Good and Bad, POD and POC, All 9, Shorts, Boys and Beyonds.

Quelle énergie, espace et conscience utilises-tu pour éviter la conscience et l'éducation qui te donnaieraient l'affluence, choisis-tu ? Tout ceci, fois un dieulliard, vas-tu le détruire et le décréer totalement ? Right and Wrong, Good and Bad, POD and POC, All 9, Shorts, Boys and Beyonds.

Éduque-toi au sujet de ce que tu dis et penses

Une femme me disait : « Je viens d'aller voir le mot *recevoir* parce que j'ai de la difficulté à recevoir. Le premier sens est 'être mis en possession de, être présenté à quelque chose ou être payé' Le deuxième sens est 'souffrir, expérimenter ou être soumis à' Je comprends que j'ai pris le deuxième sens. »

C'est ce que beaucoup d'entre nous ont fait. Tu as adopté le sens des mots qui justifie les limitations que tu crées.

Tout ce que tu as fait pour éviter de t'éduquer à comment obtenir plus et être plus, et tout ce que tu as fait pour t'éduquer à comment te limiter plus, vas-tu détruire et décréer totalement ? Right and Wrong, Good and Bad, POD and POC, All 9, Shorts, Boys and Beyonds.

Qu'as-tu rendu de si vital précieux et réel à propos de la pauvreté qui t'empêche de choisir ce qui créerait l'affluence ? Tout ceci, fois un dieulliard, vas-tu le détruire et le décréer totalement ? Right and Wrong, Good and Bad, POD and POC, All 9, Shorts, Boys and Beyonds.

Que veux-tu vraiment créer dans ta vie ? Veux-tu créer plus d'argent que tu n'as jamais pensé possible ? Ou bien as-tu déjà décidé que tu ne pouvais pas l'avoir ?

T'es-tu totalement déprimé toi-même à propos de ce que tu as décidé que tu ne peux pas avoir parce que manifestement tu ne peux pas l'avoir parce que tu ne l'as pas ? Vas-tu détruire et le décréer tout cela totalement ? Right and Wrong, Good and Bad, POD and POC, All 9, Shorts, Boys and Beyonds.

QUESTION TROIS : *Quel enthousiasme est-ce que j'évite pour m'assurer de ne pas réussir financièrement ?*

_____

_____

_____

_____

_____

L'exigence te permet de choisir l'enthousiasme

Il y a une différence entre *avoir* de l'enthousiasme et *être* l'enthousiasme. Si tu as de l'enthousiasme, tu mens. Si tu *es l'enthousiasme*, tu n'as pas de point de vue et tu t'amuses totalement. Quand tu es l'enthousiasme, tu continues à faire les choses, peu importe ce qui se passe. Tu n'arrêtes pas ta vie et tu ne t'arrêtes pas toi-même. Tu recherches de plus grandes possibilités. Qu'est-ce qui se passerait si tu étais prêt à toujours rechercher les plus grandes possibilités ?

L'exigence est ce qui te permet de choisir l'enthousiasme. Tu dois exiger de toi-même : « Je vais créer une vie plus grande que quiconque est prêt à avoir. »

Je suis prêt à créer ce que personne d'autre n'est prêt à avoir, et je me fous de ce que je reçois. Je prends juste plaisir à tout ce que je reçois. Je suis enthousiaste à propos du fait que j'ai la capacité à percevoir, savoir, être et recevoir ce qui est plus grand que ce que les autres gens sont prêts à recevoir, savoir, être ou recevoir. Pourquoi est-ce vrai ? Parce que c'est ce qui crée la possibilité, la joie et tout le reste.

Tu es reconnaissant pour ce que tu as et tu es reconnaissant pour ce qui se passe. La gratitude et l'enthousiasme vont de pair. Ils sont comme le yin et le yang de la possibilité. Tu dois créer une exigence. Tu dois demander : « Qu'est-ce que je veux vraiment créer et comment est-ce que je fais cela ?

Choisis, tout simplement

Une participante à la classe disait : « Parfois je demande : 'Qu'est-ce que j'aimerais créer ?' et je ne sais pas nécessairement comment le créer... »

Je lui ai répondu : « Comment créer ça ? » ce n'est pas une question qui ouvre la porte aux possibilités. Demande : « Qu'est-ce que je devrais choisir ici qui puisse créer ça ? »

Elle a dit : « Je demande ça, mais je n'ai pas de réponse. »

Je lui ai dit : « C'est parce qu'il n'y a pas de réponse à ce que tu dois choisir. Il n'y a que la possibilité de ce que tu peux choisir. Alors, choisis, tout simplement. »

Elle a dit : « Oh ! C'est ce que tu as dit l'autre jour : 'Choisis, tout simplement.' Je comprends maintenant ! »

Si je ne prends pas plaisir à cela, qu'est-ce que je fous ici ?

Une autre participante à la classe demandait : « Gary, as-tu toujours été cet enthousiasme ? »

Je lui ai répondu : « J'ai toujours eu de l'enthousiasme pour la vie parce que je pensais 'Si je ne prends pas plaisir à cela, qu'est-ce que je fous ici ?' »

Elle a dit alors : « Quand je suis rentrée de l'événement de sept jours en Afrique du Sud, j'avais ce genre d'enthousiasme. C'est de nouveau là maintenant, mais tout un temps, c'était parti. Qu'est-ce que c'est ? »

Je lui ai dit : « Ce n'était pas parti. C'est juste que personne ne pouvait le recevoir. Tu as l'idée que si quelqu'un ne peut pas recevoir quelque chose, tu dois arrêter de l'avoir. Je n'ai pas ce point de vue. Je suis enthousiaste, qu'il y ait quelqu'un qui apprécie cela ou pas. »

Elle a dit : « Oui ! Je gobais cette réalité. C'est comme s'il n'y avait pas de joie ici. La plupart des gens n'ont pas de joie.

La plupart des gens ne sont pas prêts à avoir l'enthousiasme et la créativité qui permettrait leur vie parce qu'ils iraient au-delà de tous ceux qu'ils connaissent.

QUESTION QUATRE : *Au-delà de qui ou de quoi est-ce que je ne suis pas prêt à aller qui créerait une réalité financière totalement différente pour moi ?*

_____

_____

_____

_____

_____

Ne renonce pas à ta réalité

Un jour, quand j'étais plus jeune, ma mère était venue me rendre visite à Santa Barbara. Elle m'a dit : « Je vais te sortir dîner mon chéri. Où veux-tu aller ? »

J'ai dit : « Pourquoi pas le Ranch House à Ojai ? » Elle a dit : « Ça a l'air très bien. »

Nous y sommes allés dîner et la note pour nous trois était de 120 dollars. Elle a payé, puis elle a demandé : « Pourquoi veux-tu manger dans ce restaurant ? » Le Ranch House a la meilleure nourriture de ta vie, mais payer 120 dollars pour manger à trois était horrible pour elle. J'ai regardé ça et j'ai pensé : « OK, ma mère et moi n'avons pas la même réalité. » Je ne suis pas allé dans : « Elle a tort. » Je ne suis pas allé dans : « J'ai tort. » C'était : « Nous n'avons pas la même réalité. »

J'ai réalisé que je ne pouvais plus lui infliger ça et je ne l'ai plus jamais fait. Plus tard, quand j'avais de l'argent et que ma mère et mon beau-père sont venus me rendre visite, je les ai emmenés dans un restaurant vraiment très bien et j'ai payé. Cette fois, c'était mon beau-père qui était horrifié parce que c'était un restaurant gastronomique et qu'il voulait un hamburger. Le personnel a dû faire des efforts supplémentaires pour lui trouver un hamburger. Son point de vue était : « Pourquoi dépenser tout cet argent pour avoir un hamburger minable ? » À ce stade, j'ai compris que ma réalité et leur réalité ne se rejoindraient jamais.

Mon beau-père voulait aller de l'autre côté de la rue où il aurait pu « manger à volonté pour 7,99 dollars. Ce n'est pas ma réalité. Je n'étais pas disposé à renoncer à ma réalité, mais j'étais très content de l'emmener à cet endroit à 7,99 dollars et de prendre un verre pendant qu'il mangeait.

Est-ce que j'ai jamais renoncé à ma réalité pour quiconque ? Oui, je l'ai fait avec mes épouses. J'ai passé toute ma vie d'époux à essayer de renoncer à ma réalité pour les rendre heureuses. Mais, peux-tu vraiment rendre quelqu'un heureux ? Non.

QUESTION CINQ : À combien de ma réalité ai-je renoncé pour rendre les autres heureux, ce qui n'*a jamais fonctionné ?*

_____

_____

_____

_____

Tu élimines tes choix quand tu renonces à ta propre réalité.

Quelqu'un m'a dit en classe : « J'aimerais avoir le choix illimité. »

Je lui ai dit : « Tu ne peux pas avoir ça. Je ne le permettrai pas. »

Elle a ri et elle a dit : « Continue à me dire ça. » Elle savait que lui dire qu'elle ne pourrait pas avoir le choix illimité était exactement ce qu'il lui fallait pour qu'elle formule l'exigence de l'avoir.

Je lui ai dit : « Remarque que quand j'ai dit 'Tu ne peux pas avoir ça', tu as dit : 'Personne ne pourra plus jamais me retenir !' C'est une décision que tu dois prendre. »

QUESTION SIX : *Quelle décision est-ce que je devrais prendre aujourd'hui qui créerait ma réalité financière immédiatement ?*

_____

_____

_____

_____

Quelle décision devrais-tu prendre basée sur le fait que tu as tendance à prendre des décisions qui t'arrêtent au lieu de te pousser à créer ? Globalement, cette question te permet de te faire bouger par la ruse au-delà des décisions ridicules que tu as prises. Tu préfères prendre une décision qui fait de toi un tas de merde plutôt qu'une décision qui fait de toi un être infini avec des capacités illimitées.

Une femme qui était artiste me disait : « Quand je crée un tableau ou une peinture, je suis dans le moment, mais quand je crée ma vie, je prends toutes sortes de décisions et tire toutes sortes de conclusions. »

Je lui ai dit : « Quand tu crées un tableau, tu dois rester dans le moment sinon il ne s'actualisera pas comme quelque chose qui vaille la peine, n'est-ce pas ? C'est la même chose pour ta vie. »

L'argent est partout

Le premier manuel *Comment devenir l'argent pose cette question* : « Quand tu vois l'argent venir vers toi, de quelle direction le vois-tu venir ? » Certaines personnes voient l'argent venir vers elles par derrière, d'autres par la gauche ou la droite ou encore par le haut. Tu dois avoir le point de vue que l'argent est partout et est en tout. Demande : « Comment l'argent va-t-il travailler pour moi ?

Tu dois toujours regarder comment tu peux créer de l'argent. Tu ne regardes pas ce que l'argent va créer pour toi. Si l'argent allait travailler pour toi, à quoi cela ressemblerait-il ? À quoi cela ressemblerait-il si chaque dollar que tu dépenses allait te revenir décuplé ? Comment ça serait si chaque fois que tu dépensais de l'argent, quelque chose de grand se présentait pour toi ?

QUESTION SEPT : *Comment l'argent va-t-il travailler pour moi ?*

Je lui ai dit : « Alors, quand tu vas dépenser de l'argent, demande : « Comment est-ce que ça me fait me sentir ? Est-ce que ça expanse ma vie ou est-ce que ça contracte ma vie ? »

Comment créer avec l'argent ? Comment l'argent va-t-il travailler pour toi ? Il faut que l'argent travaille pour toi. Tu es d'avis que tu dois toujours travailler pour avoir ton argent. Trop de gens fonctionnent en mode : « Métro boulot dodo. »

Je ne parle pas d'investir et de recevoir les fruits de ton investissement. Investir, c'est le point de vue que tu n'as qu'un certain montant et que si tu l'investis, il doit rapporter une somme qui va donner de la valeur à cet investissement. Tout ça, c'est du jugement ! Faire en sorte que l'argent travaille pour toi, c'est totalement différent.

La question est : « Comment cet argent va-t-il travailler pour moi ? » C'est ça la question ! « Comment l'argent va-t-il travailler pour moi ? »

L'argent, c'est facile

Tu ne veux pas savoir que l'argent est si facile parce que si l'argent était si facile, qu'est-ce que tu ferais donc ? Tu devrais laisser tomber la vie dure. Je veux que tu sois capable de demander ce que tu désires dans la vie et que tu sois prêt à l'avoir. Est-ce que ce que tu désires se présente instantanément ? Non. Mais cela va se présenter. À quoi est-ce que ça va ressembler ? Aucune idée. Quand est-ce que ça va se présenter ? Aucune idée. Tu dois juste être prêt à regarder cela à partir d'un endroit différent.

Une amie est récemment allée pour la première fois à une vente aux enchères. Elle m'a dit qu'elle avait une joie pétillante simplement d'être là. À regarder tous ces beaux objets être vendus, elle a réalisé qu'elle était à cent mille lieues de choisir les meubles et d'autres objets pour elle-même qui la rendaient légère et expansive.

Elle a dit : « J'ai vu un miroir et tout mon corps à fait 'ahhhh'. Il se vendait à 5.000 dollars. Et comme je t'écoute toujours quand tu parles des antiquités, j'ai fait une petite recherche sur ce miroir. J'ai découvert qu'il portait le nom de miroir Pier 1760. L'un d'eux s'était vendu chez Christie's à 55.000 dollars. »

Je lui ai demandé : « Tu veux dire que tu as su cela en regardant le miroir ? »

Elle a dit : « Oui, qu'est-ce que c'est quand tu ignores ton savoir instantanément ? »

Je lui ai dit : « Je suis désolé. Si tu savais ce que tu sais tout le temps – et tu pourrais gagner de l'argent aussi facilement – cela rendrait ta vie trop facile et tu ne peux pas avoir une vie trop facile. »

Elle a dit : « Et bien, c'est fini ça ! J'ai remarqué que quand j'ai un peu de temps libre, au lieu de recevoir le temps et la beauté de la création et la joie, il y a un pilote automatique pour aller dans la merde avec l'argent plutôt que juste être et recevoir de la vie. »

Je lui ai dit : « Et bien, c'est parce que tu as rendu l'argent plus important que recevoir. Ce n'est pas une bonne idée, n'est-ce pas ?

Éduque-toi au sujet de ce que tu aimes

Éduque-toi au sujet de ce qui va te faire gagner de l'argent. Qu'est-ce qui t'intéresse ? Qu'est-ce que tu adores ? Qu'est-ce qui fait chanter ton cœur ? J'adore les antiquités. Je regarde les antiquités partout où je vais. Quand je vois quelque chose de super beau, je demande « Combien ça coûte ? » Et si je peux ne peux pas me le permettre, je ne peux pas me le permettre. La prochaine fois que je vois quelque chose d'aussi beau dans une gamme de prix que je peux me permettre, je vais l'acheter.

Je regarde aussi ce que les autres ne voient pas. L'argent vient à ceux qui voient ce que les autres ne voient pas, ou qu'ils ne veulent pas voir, ou sur lesquels ils ont des points de vue. Je suis allée un jour à une vente de garage tenue par une dame plus âgée. J'ai vu un bracelet en or quatorze carats étiqueté 1.500 dollars. J'ai pensé : « Je me demande combien cela vaut en réalité. Elle demande 150 dollars ou 1.500 ? » Deux antiquaires avaient quitté la vente devant moi sans montrer d'intérêt pour ce bracelet.

J'ai demandé à la dame : « Combien est-ce qu'il coûte ? »

Elle m'a dit : « C'est 15 $ et c'est de l'or quatorze carats », alors je l'ai acheté. Cet après-midi-là, je suis allé dans un magasin qui achète de l'or et de l'argent et je l'ai vendu pour 450 dollars. Tout le monde m'a dit : « Comment as-tu pu profiter de cette petite vieille dame ? »

J'ai dit : « C'est facile. Je lui ai payé exactement ce qu'elle a demandé. »

QUESTION HUIT : *Si j'étais totalement prêt à recevoir, qu'est-ce que je serais au bout du compte ?*

_____

_____

_____

_____

Tu as demandé plus d'argent et l'univers a dit : « OK, voici plus d'argent » et cela se présente sous la forme d'un miroir à 5.000 dollars ou un bracelet à 15 dollars, et tu dis : « Non. » Pourquoi dis-tu « non » ? Pourquoi ne demandes-tu pas : « Qu'est-ce qu'il faudrait pour que je crée ceci ? » Tu ne dois pas acheter tout ce qui se met sur ta route. Étudie la chose et découvres-en sa valeur. La prochaine fois que tu verras quelque chose qui vaut beaucoup d'argent, tu diras : « Tout me dit que ceci vaut beaucoup d'argent. Comment puis-je l'acheter ? » et puis l'acheter.

Il y a un site de ventes aux enchères aux États-Unis où je vais parfois. Je ne l'avais plus fait depuis des mois et pour une raison ou une autre, j'y suis récemment allé. J'ai acheté un lot de pierres pour lequel je n'ai pratiquement rien payé, et que personne ne semblait vouloir. Est-ce que ça me rend triste ? Non. J'ai offert le prix que je voulais offrir et j'ai dit : « Si je 'perds' sur ces pierres, je m'en fiche parce que je ne crois pas que ce soit une perte. Je crois que c'est une porte ouverte sur une possibilité différente. Qu'est-ce qui serait disponible si je n'avais pas de points de vue fixes ? C'est la question suivante :

QUESTION NEUF : *Qu'est-ce qui serait disponible si je n'avais pas de points de vue fixes ?*

_____

_____

_____

_____

Tu pourrais tout avoir si tu éliminais tes points de vue, mais tu préfères avoir tes points de vue parce que cela prouve que tu es toi.

Qu'as-tu rendu de si vital, précieux et réel à propos de tes points de vue qui font que tu continues inévitablement à choisir contre ce qui te créerait de l'argent et des possibilités dans ta vie, en tant que toi ? Tout ceci, fois un dieulliard, vas-tu le détruire et le décréer totalement ? Right and Wrong, Good and Bad, POD and POC, All 9, Shorts, Boys and Beyonds.

Qu'as-tu rendu de si vital précieux et réel à propos de l'inévitabilité d'être un pauvre dans la rue qui t'empêche de créer ce qui pourrait te rendre millionnaire au sommet de la montagne ? Tout ceci, fois un dieulliard, vas-tu le détruire et le décréer totalement ? Right and Wrong, Good and Bad, POD and POC, All 9, Shorts, Boys and Beyonds.

Souviens-toi que l'argent, c'est facile. Et s'il te plaît, travaille avec ces questions encore et encore pour que tu prennes conscience de tes limitations autour de l'argent et que tu ne les gobes plus comme des vérités.

QUESTIONS DU CHAPITRE HUIT

PREMIÈRE QUESTION : *Si j'avais tout ce que je désire dans la vie, qu'est-ce que je devrais être ?*

_____

_____

_____

_____

_____

QUESTION DEUX : *Où et quand ai-je décidé que j'étais le seul à être suffisamment malin pour m'empêcher d'obtenir tout ce que je désire vraiment ?*

_____

_____

_____

_____

QUESTION TROIS : *Quel enthousiasme est-ce que j'évite pour m'assurer de ne pas réussir financièrement ?*

_____

_____

_____

_____

QUESTION QUATRE : *Au-delà de qui ou de quoi est-ce que je ne suis pas prêt à aller qui créerait une réalité financière totalement différente pour moi ?*

_____

_____

_____

_____

QUESTION CINQ : *À combien de ma réalité ai-je renoncé pour rendre les autres heureux, ce qui n'a jamais fonctionné ?*

_____

_____

_____

_____

QUESTION SIX : *Quelle décision est-ce que je devrais prendre aujourd'hui qui créerait ma réalité financière immédiatement ?*

_____

_____

_____

_____

QUESTION SEPT : *Comment l'argent va-t-il travailler pour moi ?*

_____

_____

_____

_____

QUESTION HUIT : *Si j'étais totalement prêt à recevoir, qu'est-ce que je serais au bout du compte ?*

_____

_____

_____

_____

_____

QUESTION NEUF : *Qu'est-ce qui serait disponible si je n'avais pas de points de vue fixes ?*

_____

_____

_____

_____

_____

CHAPITRE NEUF

UN FUTUR AU-DELÀ DE CE QUE TU AS JAMAIS VU

PREMIÈRE QUESTION : *Qu'est-ce que j'ai défini comme mon dernier recours quand je n'ai pas d'argent ?*

_____

_____

_____

_____

_____

Tu as peut-être décidé que ton dernier recours c'était d'être sans domicile fixe, ou que ton dernier recours est d'aller vivre avec ta mère, ou que ton dernier recours est de te marier. Ce que tu as décidé comme ton dernier recours devient ce que tu recherches et tu ne recherches pas la création. Quand tu crées ton dernier recours, tu ne crées pas ta vie.

> Qu'as-tu conclu qui serait ton dernier recours si tu étais à court d'argent qui fait que tu continues à créer ton dernier recours ? Tout ceci, fois un dieulliard, vas-tu le détruire et le décréer totalement ? Right and Wrong, Good and Bad, POD and POC, All 9, Shorts, Boys and Beyonds.

Nous recherchons d'office le dernier recours si nous ne recherchons pas la création.

> Tout ce que tu as fait pour ne pas rechercher la création, vas-tu détruire et décréer tout cela totalement ? Right and Wrong, Good and Bad, POD and POC, All 9, Shorts, Boys and Beyonds.

Peu importe ce que tu trouves comme dernier recours, tu dois demander : « Est-ce vraiment mon dernier recours ? Ou y a-t-il autre chose de disponible que je n'ai jamais envisagé ? » C'est la question suivante :

QUESTION DEUX : *Si ceci était mon dernier recours, qu'est-ce que je n'ai jamais envisagé ?*

_____

_____

_____

_____

_____

Quand tu es prêt à envisager toute possibilité, tu peux sortir du « Je n'ai pas le choix » et passer au « Quels sont mes choix ici ? » Tu peux aussi demander : « Si je choisis quelque chose de différent, qu'est-ce que je devrais être ou faire pour créer cela ? » C'est la troisième question :

QUESTION TROIS : *Si je choisis quelque chose de différent, qu'est-ce que je devrais être ou faire pour créer cela ?*

_____

_____

_____

_____

_____

Il y a toujours une possibilité différente. Tu as toujours un choix. Et chaque choix crée quelque chose. Même le « non-choix » est un choix que tu fais et cela crée quelque chose.

> Combien de non-choix as-tu fait dans ta vie qui limitent l'argent que tu peux avoir ? Tout ceci, fois un dieulliard, vas-tu le détruire et le décréer totalement ? Right and Wrong, Good and Bad, POD and POC, All 9, Shorts, Boys and Beyonds.

> Qu'est-ce qui est effectivement possible que tu n'as pas envisagé ? Et si tu choisissais quelque chose de différent ? Que devrais-tu être ou faire pour créer cela ? Tout ce qui ne permet pas cela, vas-tu le détruire et le décréer totalement ? Right and Wrong, Good and Bad, POD and POC, All 9, Shorts, Boys and Beyonds.

Les possibilités se présentent même quand tu choisis le non-choix. Si tu choisis le non-choix, tu vas au dernier recours. Tu dis : « Si tout le reste échoue, je devrai choisir... » Hein ?

Quel choix as-tu fait quand tu as décidé que tu n'avais pas le choix ? Tout ceci, fois un dieulliard, vas-tu le détruire et le décréer totalement ? Right and Wrong, Good and Bad, POD and POC, All 9, Shorts, Boys and Beyonds.

Si tout le reste échoue, que devrais-tu choisir ? Tout ceci, fois un dieulliard, vas-tu le détruire et le décréer totalement ? Right and Wrong, Good and Bad, POD and POC, All 9, Shorts, Boys and Beyonds.

Une dame me posait une question par rapport à une personne qu'elle facilitait. Elle disait : « Il a un job de haut vol qui crée beaucoup d'argent. Il est sur le point de se jeter d'une falaise et il sait que c'est son point de vue sur l'argent qui le coince. »

Est-ce que ton point de vue sur l'argent te coince ? Tu dois regarder ce que tu fais et demander : « Qu'est-ce que c'est ? Qu'est-ce que je peux en faire ? Qu'est-ce que je veux choisir ici ? Qu'est-ce qui fonctionnerait vraiment pour moi si je le choisissais ? Choisis de reconnaître ce qui est et après tu peux poser une question comme : « Quels sont les choix possibles ici ? »

Qu'as-tu rendu de si vital, précieux, réel et valide à propos de l'argent qui crée l'inévitabilité de ne jamais avoir des sommes illimitées ? Tout ceci, fois un dieulliard, vas-tu le détruire et le décréer totalement ? Right and Wrong, Good and Bad, POD and POC, All 9, Shorts, Boys and Beyonds.

Tu dois créer ton futur

Les gens veulent souvent me parler de choses du passé. Je leur demande : « Pourquoi rends-tu cela réel ? Pourquoi regardes-tu le passé au lieu de créer ton futur ? » Le problème est *toi – pas dans ton passé*. Ce n'est pas ton passé qui a créé ce que tu fais aujourd'hui ; c'est *toi*. Tu utilises ton passé comme justification, mais le passé n'est pas une réalité. C'est un choix que tu fais qui fait que le passé reste plus pertinent que ton futur.

Que devrais-tu être, faire, avoir, créer et générer comme ton futur pour annihiler et éradiquer toute pertinence du passé pour toute l'éternité ? Tout ceci, fois un dieulliard, vas-tu le détruire et le décréer totalement ? Right and Wrong, Good and Bad, POD and POC, All 9, Shorts, Boys and Beyonds.

Tu continues à voir le passé comme si c'était ça le cadeau. Ce n'est pas le passé qui est le cadeau. Le passé est le passé. Que veux-tu créer ? Plus de passé ? Moins de passé ? Ou veux-tu un futur au-delà de ce que tu as jamais vu ?

Que devrais-tu être, faire, avoir, créer et générer comme ton futur pour annihiler et éradiquer toute pertinence du passé pour toute l'éternité ? Si tu vois que le choix crée, bon sang, pourquoi n'es-tu pas en train de créer ? Quel choix devrais-tu faire là, maintenant, pour créer une réalité financière différente ?

J'ai discuté avec un ami qui disait : « Nous avons des tonnes d'impôts à payer que nous n'avions pas prévu. Nous cherchons aussi à investir dans un bien immobilier. Une part de moi a envie de dire : « Faisons-tout prospérer, payons les impôts, faisons tout ceci et *ensuite*, investissons dans un bien immobilier. Une autre part de moi a envie de dire : « Créons et choisissons tout, mais je n'ai pas envie de me retrouver dans un bourbier financier. Je ne suis pas sûr des choix à faire. »

Je lui ai dit : « Regardons cela d'un point de vue légèrement différent. Comme tu le sais, j'ai envisagé la possibilité d'acheter un ranch pour pouvoir rapatrier mes chevaux au Texas, parce qu'ils me coûtent trop cher en Californie. Je pourrais probablement réduire fortement mes dépenses en achetant un ranch ici. »

Mon ami a dit : « C'est un choix évident. Je choisirais ça. En achetant le ranch, tu crées un futur qui sera bien plus grand dans cinq, dix, quinze ou vingt ans et je sais que tu peux créer plus. »

J'ai répondu : « Exactement. Il y a des années quand l'État de Californie a confisqué tout mon cash pour les impôts, je suis allé chez Bonhams et j'ai dépensé 31.000 dollars en bijoux pour l'Antique Guild. Toi et tous ceux qui étaient avec moi ont dit : « Comment peux-tu faire ça alors que tu dois tellement d'impôts ? »

J'ai dit : « Hé, je dois juste des impôts. Je ne suis pas mort. Je vais créer mon futur. Tu dois créer ton futur. Tu peux regarder ta feuille d'impôts et dire : « OK, je dois tout cet argent en impôts. Et maintenant quoi ? Voici comment je peux les payer : je peux vendre tout ce que j'ai et m'acquitter des impôts. Est-ce que cela va créer ma vie ou détruire ma vie ? La détruire. » Ou bien, tu peux demander : 'Si je crée ma vie, à quoi est-ce que ça va ressembler ? À quoi est-ce que ça va ressembler si je fais ça ?' »

Mon ami m'a dit : « Le bien immobilier que nous voulons acheter va être aux enchères le mois prochain. Il vaudra probablement 500.000 dollars. Nous envisageons de démolir la maison qui est sur le terrain pour construire trois maisons de ville dessus. Cela vaudra probablement 1,1 million de dollars. Nous rions encore de comment nous n'allons pas investir petit. On va pour le grand. Pourquoi est-ce qu'on choisirait petit ? »

Je lui ai dit : « Malheureusement, tu fais Access depuis trop longtemps. »

Elle a ri et a dit : « Parfois, cette réalité commence à te tirer en arrière et te dit : 'Hé, tu as plus de 100.000 dollars d'impôts à payer. Tu dois réduire.' Ce n'est pas mon monde ; ce n'est pas ma réalité. Je ne réduis jamais. Je crée plus. »

J'ai dit : « Tu dois regarder ce qui crée l'enthousiasme dans ta vie. Payer le gouvernement ? Ou créer quelque chose pour toi ? Si tu fais quelque chose qui est un petit peu en dehors de ta zone de confort et que tu demandes : 'Comment est-ce que ça va fonctionner ?', regarde le pire qui puisse arriver. Pourrais-tu mettre ta maison en location pour plus que ce que tu paies et louer une autre maison pour moins que ce que tu paies maintenant ? Cet argent pourrait payer tes impôts. Tu as des choix. Nous avons tendance à gober l'idée que nous n'avons pas de choix plutôt que d'aller voir ce qui est effectivement possible. Tu as différentes sources d'argent.

« Crée des choix dans la vie et cela créera plus. J'ai toujours voulu fonctionner à partir de ce qui va créer plus dans ma vie. Ne fonctionne pas à partir du dernier recours : « Je dois payer tous mes impôts et mourir.' Regarde ce qui crée l'enthousiasme dans ta vie. Payer le gouvernement ? Ou créer quelque chose pour toi ? Que veux-tu vraiment créer dans ta vie ? Qu'est-ce qui est réellement important pour toi ?

Le point de vue que l'on adopte détermine la création que l'on a et reçoit

À un moment donné, j'ai envisagé de donner tous mes chevaux parce que cela réduirait mes dépenses mensuelles de 20.000 dollars. Est-ce que je devrais simplement les donner ? Non. J'ai amené cette race aux États-Unis à cause d'une réalité à long terme, c'est-à-dire notre centre au Costa Rica, qui devrait être prêt dans deux ans. Il y aura des gens du Costa Rica, des États-Unis, d'Europe et du monde entier qui monteront ces chevaux. Ils en voudront un. Pourquoi ? Parce que ce sont des chevaux merveilleux. Ce sont des chevaux incroyables. Une fois que tu en as monté un, tu demandes : « Comment en trouver un comme ça ? » Et bien, j'ai justement un endroit où on les élève. Alors, je planifie à long terme ; je ne planifie pas dans le court terme.

La plupart des affaires commerciales font faillite dans les deux premières années et la raison de cet échec est due au fait qu'il n'y a pas suffisamment d'argent pour les faire tourner au départ. Tu dois avoir des ressources pour pouvoir démarrer un business. Est-ce toujours nécessaire ? Eh bien non, mais tu ne peux pas t'attendre à gagner des sommes massives d'argent dans la première ou la deuxième année. À partir de la troisième année, tu peux commencer à gagner de l'argent et à partir de la quatrième tu peux vraiment bien gagner.

Quelqu'un a dit : « Je fermerais si je devais payer énormément d'impôts. Comment peux-tu fonctionner comme ça ?

J'ai dit : « C'est juste des impôts. Ce n'est pas la fin du monde. Vas-tu mourir ? Non. Vont-ils me mettre à la prison des endettés ? Non. Ils ne peuvent même plus m'envoyer en Australie. » Le point de vue que l'on adopte détermine la création que l'on a et reçoit Est-ce que je me dis : « Oh mon Dieu ! C'est terrible. Des impôts ! » Non ! Qu'est-ce que je créerais avec ce point de vue ? Des possibilités ? Ou de la peur ? Lequel des deux va-t-il créer ton futur ?

QUESTION QUATRE : *Si je créais mon futur, qu'est-ce que je choisirais et comment est-ce que je saurai quoi choisir ?*

_____

_____

_____

_____

_____

QUESTION CINQ : *Comment puis-je créer plus que jamais auparavant ?*

_____

_____

_____

_____

_____

Jugement ou point de vue intéressant

Chaque fois que tu portes un jugement, quel qu'il soit, même de toi-même, tu élimines la conscience comme réalité. Si tu désires vraiment la conscience, tu dois te débarrasser de tout jugement. La conscience inclut tout et ne juge rien. Tu dois être prêt à recevoir tout sans point de vue. Tu dois voir cela comme une possibilité et que cela va créer en fonction de ce que tu choisis.

Parfois les gens viennent me voir et disent : « Je dois te parler. Veux-tu savoir ce que je fais pour de l'argent ? Je fais pousser de l'herbe. »

Je dis : « OK, bien. Il y a un marché pour tout dans le monde. » Ils recherchent mon jugement. Tout tourne autour de qui ils peuvent rejeter et qui ils ne doivent pas recevoir. Si je dis : « C'est terrible ce que tu fais », la personne peut me rejeter et tout ce que je lui ai dit qui pourrait créer plus pour elle. Mais je suis intéressé par créer plus pour eux, pas moins.

Tu dois fonctionner à partir de Point de vue intéressant. Tout n'est qu'un point de vue intéressant. Point de vue intéressant est un choix que tu dois faire. Ton point de vue crée tout simplement des possibilités. Est-ce que tu l'utilises ? Ou est-ce que tu l'évites ?

Il y a des moyens de créer de l'argent partout dans le monde. Tu dois simplement trouver ce qui t'intéresse, ce qui est fun pour toi et ce qui peut faire de l'argent pour toi. Fais-tu cela ? Ou essaies-tu de travailler à la bonne chose pour être sûr d'avoir le bon argent. Voici la chose suivante à faire pour toi :

QUESTION SIX : *Quelles sont les dix choses que tu as décidé qu'elles étaient « du mauvais argent » ?*

_____

_____

_____

_____

_____

QUESTION SEPT : *Quelles sont les dix choses que tu as décidé qui était « le bon argent » ?*

_____

_____

_____

_____

_____

Maintenant, regarde chaque chose que tu as notée et demande : « Est-ce un jugement de ce qui est le bon argent ou le mauvais argent ? »

Qu'as-tu défini comme le bon argent qui t'empêche d'avoir de l'argent ? Tout ceci, fois un dieulliard, vas-tu le détruire et le décréer totalement ? Right and Wrong, Good and Bad, POD and POC, All 9, Shorts, Boys and Beyonds.

Qu'as-tu décidé et déterminé qui était du mauvais argent qui t'empêche d'avoir de l'argent ? Tout ceci, fois un dieulliard, vas-tu le détruire et le décréer totalement ?

Right and Wrong, Good and Bad, POD and POC, All 9, Shorts, Boys and Beyonds.

Quand tu décides que quelque chose doit être ou ne peut pas être, es-tu vraiment en train de choisir ?

Si tu n'es pas prêt à être quelque chose, tu ne peux rien recevoir

Parfois, les gens qui deviennent facilitateurs Access me disent : « Je ne gagne pas d'argent. » Quel genre de question est-ce que c'est ? Ils ne demandent jamais : « Pourquoi est-ce que je ne gagne pas assez d'argent ? » parce que la réponse à cela est : « Tu ne fais pas assez d'argent parce qu'il y a quelque chose que tu ne veux pas être. » Si tu n'es pas prêt à être quelque chose, tu ne peux rien recevoir. Tu dois être prêt à être tout pour pouvoir recevoir tout. C'est pour cela que j'ai écrit ce manuel : si tu peux devenir l'argent, tu peux recevoir l'argent et avoir l'argent. Mais tu dois être prêt à être tout ce qu'il faut pour créer l'argent que tu désires.

QUESTION HUIT : *Qu'est-ce que je devrais être pour créer l'argent que j'aimerais recevoir ?*

Quoi que tu décides que tu ne peux pas être t'empêche d'avoir l'argent que tu désires. Pour avoir quelque chose, tu dois être prêt à l'être.

« Comment puis-je utiliser mon argent pour créer de l'argent ? »

Comprends-tu ceci ? Il te faudra peut-être lire ce livre plus d'une fois ou deux. Ce cahier est le cahier avancé. La plupart des gens ne parviennent même pas à faire l'argent de base. Pourquoi pas ? Parce qu'ils sont plus intéressés par comment ils peuvent *dépenser* leur argent que par comment ils peuvent *utiliser* leur argent pour créer de plus grandes possibilités. Tu dois demander : « Comment puis-je utiliser mon argent ? »

Je suis allé à des rencontres d'échanges quand je n'avais que 10 dollars et j'ai acheté des choses qui valaient 20 ou 50 dollars. Si tu n'as que 10 dollars et que tu vas les dépenser, n'achète pas une tasse de café. Achète quelque chose qui vaut plus que ce que tu paies pour l'avoir. Demande : « Comment puis-je utiliser mon argent pour créer de l'argent ? »

N'écoute pas les gens qui te disent : « Tu dois utiliser l'argent des autres pour gagner de l'argent » ou « Tu dois tirer avantage des autres pour avoir l'argent que tu veux » ou « L'argent est mauvais. » L'argent n'est intrinsèquement ni bien ni mal, ni bon, ni mauvais. Il est simplement. Qu'est-ce que c'est ? C'est ce que c'est ! Cela ne veut signifie rien tant que tu ne lui donnes pas de signification.

J'ai commencé à emmener mes enfants aux ventes de garage dès un très jeune âge. Je leur faisais acheter des choses et puis je les vendais pour eux pour qu'ils apprennent qu'il y a un endroit où ils peuvent toujours aller pour aller chercher de l'argent. Ils ont maintenant presque tous le point de vue que « OK, qu'est-ce que je peux faire qui va me rapporter le plus d'argent ? » parce que je leur ai donné les capacités qui leur permettraient de gagner un revenu raisonnable avec peu ou presque pas d'argent pour commencer.

Quelqu'un m'a dit : « Le point de vue de mon fils est : 'bien sûr que j'ai de l'argent. Bien sûr qu'il y a de l'argent.' »

J'ai dit : « C'est une bonne chose. Cela lui donne le point de vue que l'argent n'est pas difficile à obtenir. Si son point de vue est « Bien sûr qu'il y a de l'argent », alors il peut demander « Que dois-je faire pour l'avoir ? »

J'ai eu des amis qui ont grandi avec de l'argent et j'ai remarqué quelque chose chez eux. Ils n'utilisaient jamais les mots *pourquoi, essayer, vouloir* et *besoin*. Ces mots n'existaient pas dans leur vocabulaire. Ils avaient le point de vue que « Bien sûr que j'aurai de l'argent. » Quand ils se sont mariés, ils se sont mariés avec des gens qui avaient de l'argent. Ils ne se sont pas mariés avec des personnes pauvres qui en bavaient.

Il se fait qu'ils avaient des parents qui avaient acheté une propriété à Newport Beach quand c'était encore bon marché, donc ils avaient de l'argent et ils en auraient toujours. Ils allaient être millionnaires simplement par héritage uniquement. Pour eux, l'argent faisait intrinsèquement partie de leur vie. Ils ne s'attendaient pas à ne pas en avoir. J'ai enseigné à mes enfants qu'ils pouvaient aussi avoir de l'argent et qu'il y avait toujours un moyen d'en avoir, s'ils étaient prêts à le faire.

Mes parents avaient le point de vue que tu dois travailler dur et mettre ton argent de côté. Alors, ils ont travaillé dur et ils ont mis leur argent de côté et ils n'avaient rien. Ils ont manqué toutes les possibilités qu'ils ont eues de gagner de l'argent. En 1942, ils ont eu l'occasion d'acheter un bien immobilier pour 600 dollars dans une petite ville balnéaire de Californie appelée La Jolla. Ils ne l'ont pas acheté parce que ma mère avait le point de vue qu'il fallait mettre son argent de côté et pas l'investir. La Jolla est maintenant un lieu très à la mode.

Quand j'avais treize ans, mes parents ont eu l'occasion d'acheter une ferme de 40 ha dans un endroit appelé El Cajon pour le prix d'une maison de 130 m² dans un lotissement. Ils ont choisi d'acheter la maison dans le lotissement. Elle était toute neuve, et ils pensaient que c'était vraiment cool. Deux ans plus tard, l'autoroute passait à travers le terrain de la ferme et le fermier qui en était propriétaire a reçu un million de dollars. Le monde va te donner des possibilités de créer de l'argent si tu es prêt à voir les possibilités de ce qui crée l'argent.

J'ai commencé avec rien parce que ma famille avait ce point de vue. J'ai créé de l'argent à partir de rien. Les gens disent : « Tu n'as rien quand tu arrives et tu n'auras rien quand tu repars. » Moi je dis : « Balivernes ! Ce n'est pas ma réalité. »

Tu peux créer quelque chose à partir de rien parce que tu es ce quelque chose qui n'aura jamais « rien ». Si ta famille empoisonne le puits en termes de ce que tu es capable de créer, ne bois pas de cette eau. S'ils empoisonnent le gâteau, n'en mange pas. Qu'essaies-tu d'acheter de la famille de tes parents qui ne t'appartient pas ? Tu dois demander : « Qu'est-ce que ma réalité ? » Est-ce que c'est la réalité de ta famille qui va créer beaucoup d'argent ? Non ? Pourquoi ? Parce que pour eux, le manque est réel. Mais le manque est-il réel dans ta réalité ?

Quand je n'avais pas d'argent, je voulais acheter une maison et j'ai trouvé un moyen d'en acheter une sans argent de départ. Et alors que je recherchais un bien à acheter, je disais : « Univers, montre-moi où je peux acheter un bien qui vaudra beaucoup plus. »

Il s'est avéré que la maison était dans un « mauvais quartier », mais c'était une affaire où il ne fallait pas avancer d'argent. Les gens voulaient tellement se débarrasser du bien qu'ils étaient prêts à tout pour le vendre. Il faut que tu sois prêt à regarder ce qui peut être créé et ne pas supposer que cette chose ne peut être créée.

QUESTION NEUF : *Quelles possibilités d'avoir de l'argent est-ce que je ne choisis pas ?*

_____

_____

_____

_____

_____

Les questions créent

Il y a très longtemps, une dame me courait après. Elle voulait m'épouser. Elle était mariée à l'époque où je l'ai rencontrée et je ne voulais rien avoir à faire elle parce que je ne sortais pas avec des femmes mariées. Je suis allé en Europe pendant six mois. Quand je suis rentré, elle a recommencé à me courir derrière, mais je la repoussais à chaque fois et je n'ai jamais demandé à personne si elle était toujours mariée. Oups. Les questions créent. Il s'est avéré qu'elle avait divorcé. Six mois après, elle s'est mariée avec un homme qui me ressemblait assez pour être mon frère. Et six mois plus tard, elle est morte d'une hémorragie cérébrale à cause des pilules contraceptives et lui a laissé 67 millions de dollars. Les possibilités se montrent dans notre vie, mais on ne les saisit pas toujours. Malheureusement, si on ne pose pas de questions, on ne peut pas recevoir.

« Quelle est ma réalité ? »

Je parlais avec une amie qui voulait acheter un bien pour y construire des maisons de ville. Elle disait : « C'est fun pour moi d'acheter ce bien. J'ai demandé : 'Est-ce que ça va me rendre heureuse ? Est-ce que je vais apprendre quelque chose ? Est-ce que ce sera amusant pour moi ? Et puis j'ai réalisé que c'était les mêmes questions que celles que l'on pose avant d'avoir des relations sexuelles avec quelqu'un ! »

Je lui ai dit : « Oui, parce que le sexe et l'argent vont de pair. » Les deux sont liés au recevoir. J'ai essayé de faire passer cette information toute ma vie.

Le fait que tu sois prêt à entendre ce que j'ai à dire est une indication que tu es humanoïde. Ta réalité ne ressemble pas à celle des autres et tu ne voudrais pas d'une réalité 'zone dévastée'. Ce n'est pas ta réalité. Cela n'a jamais été ta réalité. Ta réalité a toujours été une question d'avoir plus dans la vie. S'il te plaît, reconnais cela. Tu n'es pas prêt à vivre ta vie avec moins. Tu es prêt à vivre ta vie pour plus.

C'est quelque chose que je sais de toute personne qui vient chez Access. Elles recherchent le *plus* qu'elles ont toujours su qui était leur réalité. Tu ne peux pas échouer si tu es prêt à créer le plus que tu es.

Je te serai reconnaissant si tu gagnes des tonnes d'argent. Tu veux me rembourser ? Alors, gagne plein d'argent ! Et s'il te plaît, réponds encore une fois à ces questions, puis encore une fois.

QUESTIONS DU CHAPITRE NEUF

PREMIÈRE QUESTION : *Qu'est-ce que j'ai défini comme mon dernier recours quand je n'ai pas d'argent ?*

_____

_____

_____

_____

QUESTION DEUX : *Si ceci était mon dernier recours, qu'est-ce que je n'ai jamais envisagé ?*

_____

_____

_____

_____

QUESTION TROIS : *Si je choisis quelque chose de différent, qu'est-ce que je devrais être ou faire pour créer cela ?*

_____

_____

_____

_____

QUESTION QUATRE : *Si je créais mon futur, qu'est-ce que je choisirais et comment est-ce que je saurai quoi choisir ?*

_____

_____

_____

_____

QUESTION CINQ : *Comment puis-je créer plus que jamais auparavant ?*

_____

_____

_____

_____

QUESTION SIX : *Quelles sont les dix choses que tu as décidé qu'elles étaient « du mauvais argent » ? Maintenant, regarde chaque chose que tu as notée et demande : « Est-ce un jugement de ce qui est du mauvais argent ? »*

_____

_____

_____

_____

QUESTION SEPT : *Quelles sont les dix choses que tu as décidé qu'elles étaient « du bon argent » ? Maintenant, regarde chaque chose que tu as notée et demande : « Est-ce un jugement de ce qui est du mauvais argent ? »*

_____

_____

_____

_____

QUESTION HUIT : *Qu'est-ce que je devrais être pour créer l'argent que j'aimerais recevoir ?*

_____

_____

_____

_____

_____

QUESTION NEUF : *Quelles possibilités d'avoir de l'argent est-ce que je ne choisis pas ?*

_____

_____

_____

_____

_____

LA FORMULE DE DÉBLAYAGE D'ACCESS CONSCIOUSNESS®

Tu es le seul à pouvoir déverrouiller les points de vue qui t'ont piégé.

Ce que j'offre ici avec la phrase de déblayage, c'est un outil que tu peux utiliser pour changer l'énergie des points de vue que tu as verrouillés dans des situations qui ne changent pas.

Tout au long de ce livre, je pose de nombreuses questions et certaines de ces questions pourraient un peu t'embrouiller le cerveau. C'est intentionnel. Les questions que je pose sont conçues pour court-circuiter ton mental pour que tu puisses capter l'énergie d'une situation.

Une fois que la question a embrouillé ta tête et a fait remonter l'énergie d'une situation, je te demande si tu es prêt à détruire et décréer cette énergie – parce que ce sont les énergies coincées qui sont la source des barrières et limitations. En détruisant et en décréant cette énergie, tu ouvres la porte sur de nouvelles possibilités.

C'est l'occasion pour toi de dire : « Oui, je suis prêt à lâcher tout ce qui tient cette limitation en place. »

Vient ensuite une phrase bizarre que nous appelons la formule de déblayage :

> Right and Wrong, Good and Bad, POD and POC, All 9, Shorts, Boys and Beyonds.

Avec la formule de déblayage, nous retournons à l'énergie des limitations et des barrières qui ont été créées. Nous regardons les énergies qui nous empêchent d'avancer et de nous expanser dans toutes sortes d'espaces où nous aimerions aller. La formule de déblayage est simplement un raccourci qui s'adresse aux énergies qui créent les limitations et contractions dans notre vie.

Plus tu fais tourner la formule de déblayage, plus elle agit en profondeur et plus tu peux déverrouiller de couches et de niveaux chez toi. Si en réponse à une question beaucoup d'énergie remonte, tu devrais répéter le processus de nombreuses fois jusqu'à ce que le sujet abordé ne soit plus un problème pour toi.

Tu n'as pas besoin de comprendre les mots de la formule de déblayage pour qu'elle fonctionne parce qu'il s'agit d'énergie. Toutefois, si tu as envie de savoir ce que ces mots veulent dire, quelques brèves définitions sont livrées ci-dessous.

Right and Wrong, Good and Bad est le raccourci pour : qu'est-ce qui est bien, bon, parfait et correct à ce sujet ? Qu'est-ce qui est mal, méchant, vicieux, terrible, mauvais et horrible à ce sujet ? La version courte de ces questions est : qu'est-ce qui est juste et faux, bon et mauvais ? Ce sont les choses que l'on considère comme bien, bonnes, parfaites et/ou correctes qui nous collent le plus. Nous ne souhaitons pas nous en débarrasser étant donné que nous avons décidé que nous avions tout juste.

POD est l'abréviation de point de destruction en anglais ; tous les moyens par lesquels tu t'es détruit toi-même pour maintenir en existence ce que tu déblaies.

POC est le point de création des pensées, sentiments et émotions qui précèdent immédiatement ta décision de verrouiller cette énergie.

Parfois, les gens disent « POD et POC-le », ce qui est tout simplement un raccourci de la formule plus longue. Quand tu « POD et POC » quelque chose, c'est comme si tu retirais la carte de base d'un château de cartes. Tout le château s'écroule.

All 9 représente les neuf façons par lesquelles tu as créé ce sujet comme une limitation dans ta vie. Ce sont les couches de pensées, sentiments, émotions et points de vue qui créent la limitation comme solide et réelle.

Short est le raccourci d'une série beaucoup plus longue de questions, notamment : qu'est-ce ceci signifie pour nous ? Qu'est-ce qui est insignifiant ici ? Quelle punition nous infligeons-nous avec ceci ? Quel bénéfice obtenons-nous avec ceci ?

Boys représente des structures énergétiques appelées sphères nucléées. En gros, il s'agit de ces domaines de notre vie où nous avons essayé de gérer quelque chose continuellement sans effet. Il y a au moins trois types différents de sphères collectivement appelées « les garçons ». Une sphère nucléée ressemble aux bulles que l'on crée en soufflant dans ces pipes à bulles à plusieurs trous avec lesquelles les enfants jouent. Elles créent une masse immense de bulles et quand tu fais éclater l'une des bulles, les autres bulles viennent occuper son espace.

Beyonds sont les sentiments ou sensations qui arrêtent ton cœur, ta respiration ou ta volonté de voir les possibilités. Les au-delàs sont ce qui se passe quand tu es choqué.

Nous avons des tas de zones dans notre vie où nous nous figeons. Chaque fois que tu te figes, il y a un au-delà qui te tient captif. C'est toute la difficulté d'un au-delà : il t'empêche d'être présent. Les au-delàs incluent tout ce qui est au-delà de ce que tu peux croire, de la réalité, de l'imagination, de tout concept, perception, rationalisation, pardon, ainsi que tous les autres au-delàs. Ce sont en général des sentiments ou sensations, rarement des émotions et jamais des pensées.

Milton Keynes UK
Ingram Content Group UK Ltd.
UKHW050658080923
428296UK00011B/552